OSKAR MI

Baśnie i Legendy Litewskie

OSKAR MIŁOSZ

Baśnie i legendy litewskie

TŁUMACZYŁ
KRZYSZTOF WAKAR
ILUSTROWAŁ
WIESŁAW DĄBROWSKI

WYDAWNICTWO POJEZIERZE
OLSZTYN 1985

Opracowanie graficzne
Wiesław Dąbrowski

ISBN 83-7002-209-x

WSTĘP

Czy niniejszy zbiór jest przekładem, czy też opracowaniem? Po długim wahaniu między tymi dwoma określeniami zdecydowałem się na drugie, aczkolwiek dość poważne przyczyny skłaniały mnie ku pierwszemu.

Najbardziej dokładny byłby może trzeci termin, „wersja", którego użycie, jeśli chodzi o sztukę ludową, znajduje zawsze uzasadnienie. Baśnie ludowe wszystkich krajów, podobnie jak na innej płaszczyźnie ezoteryczny komentarz do Pism Świętych większości religii, są przekazywane ustnie z pokolenia na pokolenie, co nadaje wyjątkową giętkość ich formie zewnętrznej. Jeśli jednak odrzuciłem to trzecie określenie, to tylko po to, by zaspokoić wymagania jasności i dokładności, nierozdzielnie związanych z uczciwością pisarza, a zwłaszcza poety, nawykłego, aby z pełną pasji powolnością w najgłębszych zakamarkach pamięci szukać słowa, które, jak wyraził to Baudelaire, „przesłania myśl".

Odrzuciłem więc ten trzeci termin z powodu jego rozciągliwości, która pozwala stosować go do samych tekstów, stanowiących źródło tej pracy. Dzieła Basanaviciusa, Baranauskasa, Daukantasa, Jurksaitisa i kilku innych są owocem cierpliwej konfrontacji ustnych wariantów, utrwalonych przez nich piórem po wysłuchaniu ludowych opowiadaczy. Już same te zbiory są wersjami i zastosowanie tej nazwy do naszej antologii ograniczyłoby jej zasięg oraz niewątpliwie wypaczyło sens. Precedensem – być może jedynym – pracy, której wynikiem jest ta książeczka, były ongiś starania Charlesa Perroulta, by jego opracowanie starych opowieści francuskich zainteresowało osoby wykształcone, nie tracąc przy tym nic z wrażliwości i charakterystycznych cech anonimowych bajarzy ludowych, którzy pozostawili w nich, w mniej lub więcej nienaruszonym stanie, wspaniałe dziedzictwo dawnej historii.

Wymieniłem powody, które kierowały mną przy wyborze określenia dla niniejszej pracy. Nazywając ją „opracowaniem", miałem przede wszystkim na myśli pracę kompozytora, który wiernie zanotowawszy ludową melodię, na przykład piękną melodię *quéchua*, wykonaną na flecie Inków przez peruwiańskiego pasterza, później starannie dobiera do niej aranżację orkiestrową, uwzględniając nie tylko koloryt i rytm utworu, lecz również najbardziej utajone duchowe wzruszenie prawdziwego autora.

Takie są zasadnicze zarysy kompozycji, których przestrzegałem – oczywiście zupełnie instynktownie – od początku mej pracy, ani na chwilę od nich nie odchodząc, nawet w „Skromnisi, narzeczonej Diabła", opowieści, która wiernie odtwarza elementy starej anegdoty, ubarwiając je nieco. W ten sposób duch dzieła ludowego pozostaje niemal nietknięty, a także, przynajmniej w wątkach zasadniczych jego litera, po przeniesieniu na płaszczyznę bardziej sprzyjającą emocjonalnemu porozumieniu między osobami prostymi a wykształconymi.

W dziedzinie sztuki „przekład" jest słowem pozbawionym sensu. Tworzenia dzieła trzeba dokonać powtórnie, posługując się materią jak najbardziej giętką i żywą. Jest to praca poety, a reszta odnosi się tylko do nauczycieli i dzieci.

Wydanie oryginalne wymienionych wyżej autorów litewskich zawiera kilkaset historyjek i bajek. Jest w nim również niezliczona liczba czarodziejskich baśni, których wybór, w dosłownym tłumaczeniu, mam zamiar niebawem przedstawić młodzieży francuskiej.

Pozwolę sobie również przypomnieć, że pismo *Revue de France* w numerze z 1 września 1928 roku opublikowało moje opracowanie trzydziestu Dainos – ludowych pieśni litewskich, wraz ze wstępem. Tych Dainos są tysiące. Mam zamiar niedługo wydać dość znaczny zbiór tych utworów.

I jeszcze ostatnia uwaga. Język litewski uważany jest przez lingwistów za pochodzący bezpośrednio od prymitywnego języka indoeuropejskiego. W swej obecnej formie ułatwia on ponadto badanie języka starołacińskiego i starogreckiego. Pewne motywy – jak swastyka i lotos – są bardzo często spotykane w ludowej sztuce litewskiej. Teoria podwójnej emigracji irańskiej – na północ i na południe – z dnia na dzień traci moc, podobnie jak teoria o pokojowym zajęciu Europy przez Minnów z terenów dawnych Indii, z takim przekonaniem głoszona przez de Paniague. Nauka współczesna, sprzeciwiając się poglądowi głoszonemu w ciągu całego XIX wieku, skłania się coraz bardziej do tego, aby kolebkę rasy indoeuropejskiej upatrywać nie w Azji, lecz w rejonie Morza Bałtyckiego, i teza ta, trzeba przyznać, znajduje poważne potwierdzenie w wynikach badań Jacquesa de Morgana nad prehistorycznymi inwazjami mongolskimi, które z jednej strony tłumaczyłyby ogromne ruchy białych ludów z Septentrionu w kierunku Kaukazu i Gangesu, z drugiej zaś ku Egei, Egiptowi i krainom azjatyckim. W świetle tych nowych danych za jakiś czas może pojawić się pytanie, czy litewski „Tomcio Paluch" – jak również „Królewna Śnieżka", „Kopciuszek" i „Czerwony Kapturek" (które mam zamiar zamieścić w innym zbiorku) – nie są przodkami ich odpowiedników w Europie Zachodniej i nawet w Azji. W sąsiedniej dziedzinie mitologia litewska zadziwiająco przypomina mitologię indyjską i – zwłaszcza z powodu roli, jaką odgrywa w niej wąż, dziś jeszcze gospodarz domowego ogniska i przyjaciel dzieci w pewnych regionach – zbliżona jest do folkloru greckiego (Echidna, córka Kallirhoe, w „Teoganii" Hezjoda), scytyjskiego (IV księga „Historii" Herodota), pallawickiego i kambodżańskiego. Interesująca baśń „Królowa Węży" jest pod tym względem charakterystyczna i zasługiwałaby może na porównanie z pewnymi współczesnymi teoriami naukowymi, dotyczącymi zwierzęcego pochodzenia roślin. Kto wie, czy dokładne zbadanie tej mitologii, wciąż żywej po sześciu wiekach wiary katolickiej, nie pomogłoby w rozwiązaniu pewnych problemów historycznych lub religijnych, takich jak obecność dynastii Bitis, symbolizowanej przez litewską pszczołę Bite, w Egipcie sprzed ery faraonów w Buto, w delcie Nilu – lub też w przekazaniu Drawidom mitów o Hiperborejczyku, źródeł cywilizacji wedyjskiej.

Oskar Miłosz

WIEŚNIAK I TAJEMNICZY STARUSZEK

Był sobie pewnego razu biedny wieśniak, który, mając do wyżywienia żonę i dzieci, nie mógł znaleźć pracy i związać końca z końcem, wegetował więc na koszt parafii. Ta zaś pewnego pięknego ranka przestała mu dawać zapomogę i nieszczęsny, nie wiedząc gdzie się podziać, wymknął się z nory, którą zamieszkiwał wraz z rodziną. Pobiegł prosto przed siebie bez złamanego grosza w starym baranim kożuchu, w nadziei, że zmyli nieszczęście albo spotka śmierć. Na granicy lasu dostrzegł małego staruszka o białej głowie, klęczącego na śniegu na skraju drogi, który żegnał się przed pięknym rzeźbionym krzyżem. Wieśniak zdjął czapkę, ukląkł obok poczciwca, odmawiając z zapałem ,,Ojcze nasz'' i ,,Zdrowaś Mario''.

– Założę się, przyjacielu, że prosiłeś Boga o chleb dla dzieci lub o wieczny odpoczynek dla siebie samego – mówi staruszek.

Wieśniak, nieco zaskoczony, spogląda na starca i od razu nabiera do niego zaufania z powodu uśmiechu, rozjaśniającego jego małą, okrągłą i czerwoną twarz, dosyć podobną do starego, czerwonego jabłuszka zgubionego w śniegu.

– Wyglądałeś jak ktoś, kto się bardzo spieszy, ale tak jak wiatr, który nie bardzo wie, gdzie wieje. Idź za mną, a nie będziesz tego żałował – dodał starzec.

I oto idą we dwójkę coraz głębiej w las. Idą przez coraz większą gęstwinę, mijają brzozy, dęby, sosny i świerki, które nie kończą się. Przechodzą przez jedno, drugie, trzecie, czwarte posępne bagno i wreszcie znajdują się u stóp pięknego wzgórza, w jednym z tych miejsc, które mówią duszy bardzo wiele, o których pamięta ona i nie pamięta... Wspinają się i na wierzchołku znajdują mały stolik z jasnego drewna, cały stoczony przez korniki.

– Zrobisz mi przyjemność, gdy weźmiesz ten stolik. Umieścisz go w kuchni. Kiedy tylko dzieciarnia będzie głodna, powiesz: ,,Stoliczku, mały brzuszek jest pusty'' i zobaczysz, że wkrótce stół będzie się uginał pod tłustym rosołem i pieczeniami, pod wielkimi rybami i pieczonymi jarząbkami, ciastkami i tortami. Dobra butelka litewskiego miodu lub francuskiego wina pokaże się również od czasu do czasu – dodał wbijając z zadowoloną i złośliwą miną łokieć w chudy bok nowego przyjaciela. – Ponieważ jednak, jak wiesz, zawsze znajdzie się jakieś przykre ,,ale'', aby zatruć najlepsze rzeczy na ziemi, jednak – powtarzam – postaraj się wrócić do domu jak najkrótszą drogą, nie zatrzymując się nigdzie.

Wieśniak dziękuje siwemu karłowi i biegnie jak strzała ze stoliczkiem pod pachą. Po godzinie marszu ciemności zaskakują go w głębi lasu. Mimo to porusza się po omacku. Udało mu się wyzwolić ze splątanego labiryntu i dostrzegł w oddali światło. Biegnie w tamtą stronę: to oberża. Zmęczenie i strach są silniejsze niż ostrożność. Puka do drzwi, otwierają mu. Oberżysta i jego rodzina są już przy stole.

Wieśniak siada sam jak król w kącie sali i wymawia zaklęcie, naśladując śmieszny głos starca:

– Stoliczku, mały brzuszek jest pusty.

Na starych deszczułkach, na małych talerzykach z czeskiej porcelany, ozdobionych malowanymi gronami jarzębiny i czerwonymi, niebieskimi oraz żółtymi grzybkami, pojawia się wspaniała, gorąca kolacja. Ze środka stołu wyłania się oblana woskiem szyjka pękatej butelki, uwięzionej w starych koronkach przez panie Aragne i Poudre. Oberżysta, oberżystka, kelner, kucharka, wszyscy świadkowie kulinarnego cudu byli do tego stopnia zdziwieni, że zapomnieli o jedzeniu i piciu, a kiedy tak siedzieli z otwartymi ustami, poruszając palcami, Wielmożny Pan jadł z namaszczeniem, nie racząc na nich spojrzeć.

Kiedy Jego Wysokość poszedł spać, oberżysta i jego żona poszli szybko na strych, znaleźli stolik przypominający do złudzenia stoliczek podróżnego, postawili go u jego wezgłowia, a cenny czarodziejski mebel zabrali i zamknęli pod kluczem w ciemnej komórce.

Następnego dnia, gdy wieśniak, po zawiadomieniu z dumą członków rodziny o cudownym nabytku, rozkazał starcowi z lasu, aby objawił swoje talenty, starzec pozostał głuchy na jego zaklęcia i prośby. Biedny człowiek musiał ogromnie cierpieć z powodu własnego zawodu. Cała rodzina drwiła sobie z niego i dokuczała mu, był więc bardzo zawstydzony i zmartwiony.

Biedaczyna, który w tej przygodzie stracił resztę nadziei, nie znalazł nic lepszego dla ukojenia smutku niż ponowna ucieczka z domu. Kiedy tylko zrobił dwadzieścia kroków, zjawił się mały staruszek, którego poznał dwa dni przedtem i zaśmiał się złośliwie:

– Ha, ha! Nie trzeba być czarodziejem, by dostrzec, że wszystko jest w porządku! Masz już zupełnie inną minę... Któż więc powiedział, że mały brzuszek rządzi światem?

– Na honor, to jakby mówić o sznurze w domu powieszonego i o jedzeniu przy łóżku umierającego z głodu – odrzekł biedak i zaczął opowiadać szczegółowo o tym, co go spotkało.

– Nie martw się, chodź, spróbujemy naprawić zło. Wróćmy na nasze wzgórze.

Na wzgórzu oczekiwała wieśniaka niespodzianka, ponieważ usłyszał tam beczenie w żaden sposób nie przypominające skrzypienia mebli. Beczało ni mniej, ni więcej tylko małe jagnię, wyglądające prawie tak, jak duża kula z wełny.

– Powiesz tylko temu małemu zwierzątku: „Owieczko, otrząśnij się" – rozkazał starzec – i od razu spadnie z niej deszcz złotych monet z wizerunkiem wszystkich królów chrześcijaństwa. Uważaj tylko i nie zatrzymuj się nigdzie po drodze.

Wieśniak pobiegł jak strzała, ale powtórzyły się dosłownie wszystkie wypadki z poprzedniej wyprawy. Zaskoczony przez noc, schronił się w tej samej oberży, dokonał tam nowego cudu, a ponieważ powrócił do domu z nie swoją owieczką, nie miała ona złamanego szeląga w runie. Wynikły z tego, jak łatwo się domyślić, nowe złorzeczenia rodziny, jakich świat nie słyszał od zniszczenia Sodomy i Gomory.

Ofiara złego oberżysty opuściła po raz trzeci dom, zaklinając jednakże swoich wielkich bogów, że tym razem nie da się nabrać i że odtąd będzie szukała wyzwolenia tylko w śmierci i w jej kosie, bo tylko ich pragnie.

– Hejże! – zawołał ktoś nagle – od czasu, kiedy ma się pełny trzos, gardzi się świadkami nieszczęścia, prawda?

– Ach, to znowu ty! – krzyknął nieszczęsny, poznając starca. – Tralala, nie wracam już na wzgórze. Zakpiłeś ze mnie dwa razy, to wystarczy.

– Tym razem jednak sam polecam ci, żebyś zatrzymał się na noc u zbója oberżysty... Dobrze zrozumiesz dlaczego, kiedy pokażę ci trzeci prezent, który chcę ci zrobić. Dalej, jeszcze parę kroków, już jesteśmy na wzgórzu.

I mały staruszek idzie po worek ukryty w krzakach, otwiera go, wyjmuje zeń gruby kij i oddaje wszystko zdumionemu wieśniakowi.

– Kiedy dojdziesz do tej przeklętej oberży, powiesz kijowi

zamkniętemu w worku: „Kiju, proszę cię, wyjdź". I kiedy pałka wykona z radością robotę – jaką, nie powiem, zobaczysz to sam – powiesz jej tylko, żeby wróciła do worka. Idź, dzielny człowieku, i niech cię Bóg błogosławi.

Nasz godny pożałowania bohater poszedł trzeci raz drogą do oberży i od razu po zajęciu swojego zwykłego miejsca w kąciku cudów otworzył worek z nadzieją, że wyjmie zeń tajemniczy kij zamieniony w kiełbasę lub kaszankę. Wielkie jednak było jego zaskoczenie, a jeszcze większe zdumienie widzów, kiedy po rozwiązaniu rzemienia i wymówieniu magicznego zaklęcia: „Kiju, proszę cię, wyjdź", sękacz wyskoczył z więzienia zataczając karkołomne młyńce i nagle spadł bach! bach! – i chcesz jeszcze, proszę! – bijąc z dołu do góry i z góry do dołu, prosto i na skos, jakby uderzał ręką, jakby kopał nogą, bodąc jak koza i bijąc gradem ciosów, z tyłu i z przodu. Grzmoty, błyskawice i huragan po głowach, ramionach, siedzeniach oberżysty i oberżystki, kelnera i kucharki, winnego i niewinnego...

– Łaski, łaski! – krzyczeli chłostani, biczowani, bici, ranieni. – Łaski, łaski! – i łaska oślepiała ich blaskiem po gwałtownych i silnych uderzeniach. – Dosyć, dosyć! Oddamy ci twój stolik i twojego barana, ale, na litość boską, zatrzymaj kij!

– Kiju, do worka! – rozkazał okpiony wieśniak, który przejrzał oberżystów, ale w głębi duszy uważał, że kara była zbyt surowa.

Kij wrócił do worka, przyniesiono czarodziejski stolik i czarodziejskie jagnię, a wczorajszy żebrak, bogatszy niż wszyscy lidyjscy królowie razem wzięci, wrócił z triumfem do swoich nędznych i zimnych penatów.

Kiedy, nauczona dawnymi doświadczeniami, zgryźliwa małżonka zobaczyła, że mąż wraca znowu ze stolikiem i jagnięciem, podniosła wielki krzyk i mało brakowało, a rzuciłaby w niego zarówno udźcem, pozostałym z pierwszego jagnięcia, jak i ostatnią jeszcze całą nogą z fałszywego magicznego stolika płonącego w piecu.

– Och, diabelny nicponiu, ciemięgo, głupcze, nieszczęsny łgarzu, ja ci pokażę! – krzyczała żona.

– Tato – płakały dziatki. – Uważaj, tatusiu! Mama powiedziała, że da ci w tyłek i po głowie.

– Ani tu, ani tu – odrzekł spokojnie tatuś. – Wszyscy tutaj obecni otwórzcie szeroko oczy i nadstawcie uszu... Raz, dwa, trzy! Kiju, wyłaź z worka!

Pozostawiam znakomitszym ode mnie – komuż więc, na Boga!, jeśli nie Dantemu Alighieri, wielkiemu Williamowi, boskiemu Wolfgangowi z Frankfurtu, Villonowi, wszystkim mym drogim mistrzom – zadanie opisania gradu razów, które posypały się wtedy i spadły na nieszczęsną, zasapaną i cierpiącą żonę, w fartuchu i spódnicy zarzuconymi na głowę.

– Kiju, do worka! – rozkazuje wieśniak i burza przycicha, kobieta i dzieci przecierają oczy, tata-czarownik również, ponieważ widok ten wzruszył go do głębi. – A teraz, malcy, oraz ty, matko, cisza i spójrzcie tutaj. ,,Stoliczku, brzuszek jest pusty!'' – Jaki cud! Pognębieni, Lukullusy, Alcybiadesy i Amfitriony! A przy deserze, gdy jednocześnie z ostatnim łykiem wina znikała ostatnia Neronowa perła zanurzona w egipskim occie, Pan wieśniak dał owieczce znak, by się zbliżyła... Musiał jednak powtórzyć wezwanie, ponieważ tłuścioszka niezbyt dobrze widziała z powodu wełny, zakrywającej jej piękne i dobre oczy.

– Zbliż się, kochanie, zbliż... A teraz, mała owieczko, raz dwa...

Wielkanocny Baranek, bielszy niż stokrotka, nie czekał na dokończenie formuły. Otrząsnął się i setki złotych baranków potoczyło się na podłogę kaskadą, strumieniem i potokiem dźwięków, które oczarowałyby ucho innego Wolfganga – wszechwiedzącego i nieśmiertelnego czarodzieja z Salzburga.

HISTORIA STARUCHY, KTÓRA BYŁA TAK ZŁOŚLIWA, ŻE SWĄ ZŁOŚĆ MOGŁA ODSTĄPIĆ DIABŁU

W pewnym miasteczku żyli mężczyzna i kobieta, o których na dwadzieścia mil wokoło mówiono, że są wzorowym młodym małżeństwem. Nigdy najmniejsza chmurka nie przysłoniła horyzontu ich przyjaźni. Diabeł, który przebywał w tej okolicy pod postacią niemieckiego botanika, pragnącego zbadać na Żmudzi ogromną rozmaitość grzybów szatanów i muchomorów, poczuł się dotknięty do żywego spotkawszy na swej drodze tak wspaniały obraz najniewinniejszego szczęścia. Prostą sztuczką było dla Mistrza Vokietuksa* dostać się do tego siedliska łagodności i wierności. Trudniej zaś było zaprzyjaźnić się z nimi, ponieważ para ta, żyjąca skromnie, wiodła życie bardzo samotne. Lecz gorąca pobożność małżonków dostarczyła Diabłu poszukiwanego pretekstu. Przybrawszy pozę nieśmiałej wstydliwości i wzruszającej pobożności, zaoferował się uprzyjemniać im wieczory poświęcone wzniosłym rozmowom i budującym lekturom. Z zadania tego wywiązywał się zachwycająco dzięki słodkiemu głosowi i wymowie pełnej namaszczenia. Łotrowski ten postępek, przedsięwzięty po to jedynie, by wśród małżonków zasiać ziarno niezgody, trwał kilka miesięcy. Diabeł działał z najwię-

* „Niemiec" – litewska nazwa diabła [przyp. aut.]

kszą ostrożnością i zgodnie ze swym planem. Nie będę opisywał tysiąca subtelnych sposobów, które wynalazł, by wkraść się w łaski uprzejmej gospodyni, wciąż starając się – wbrew dobrym obyczajom – wzbudzić podejrzenia jej małżonka. Prostota naszych bohaterów była tak wielka, że poufałości, których się dopuszczał, niepostrzeżenie same nabrały cech zbytniej wesołości i figlarności. Trwało to aż do dnia wybranego w jego planie strategicznym na moment ostatecznego ataku. Wtedy to naszej dzielnej parze nagle otworzyły się oczy. Małżonkowie pojęli całą perfidię jego postępowania i podwójnym uderzeniem – szczotką w głowę i butem w tyłek – wyrzucili go przez okno.

Na tej ważnej części ciała podejrzanego osobnika, gdy tylko spadł na ziemię, spoczęło spojrzenie starej wiedźmy, która właśnie znalazła się w tym miejscu. Rozkochana w magii – i to w jakiej! – tak czarnej, jak serce człowieka, rozpoznała natychmiast uroczą część ciała, którą tak często całowała na górze Broken.

– Ach to ty, mój towarzyszu, mój młody mistrzu zaginionego Szmaragdu, mój miły Książę, moja piękna gwiazdeczko poranna, widoczna przez lunetę, to ty, i to w jakiej pokornej postawie! – I trzy razy mlasnąwszy językiem pyta: – A więc, co się stało, mały brzydalu? Przestań wreszcie jęczeć i opowiedz o tych nieszczęściach przyjaciółce twej babki! Hu, hu, hu! Hu, hu!

Diabeł, który po pewnych formułach powitania rozpoznał w jędzy czarownicę wysokiego stopnia wtajemniczenia, poprosił ją, by usiadła obok niego w pokrzywach, gdzie upadł. Mocno trzasnął w pomarszczony policzek stuletniej babci, odkaszlnął ciężko, splunął ponad jej głową i opowiedział jej szczegółowo o swej przykrej przygodzie zwięzłym i eleganckim językiem, którego sekret posiadł.

Starucha wysłuchała go w głębokim milczeniu i kiedy skończył, najzwyczajniej w świecie oznajmiła mu, że za parę rękawi-

czek i pantofli ze skóry noworodka, z którego na sabat została upuszczona krew, podejmie się poróżnić nieszczęsną parę podwójnie winną: miłości małżeńskiej i obrazy Diabła.

Gdy ustalili godzinę i miejsce następnego spotkania, botanik, utykając, zawrócił do swej oberży, a żebraczka poszła zapukać do drzwi małżonków.

– Nie mówię tego tak sobie, lecz domy, gdzie mąż i żona bardzo się kochają, można od razu rozpoznać, nie wiadomo po czym – takie było podziękowanie czarownicy za obola, którego dostała od uprzejmej wieśniaczki. – Te kwiatki w oknach, serwetka na kredensie nic nie znaczą – a jednak moje oko, oko starej spryciary, nie myli się. Kochanie, nie ma powodu żebyś się rumieniła! Niech sobie zazdrośnicy gadają, a ty dziękuj Bogu, bo widzisz, tylko miłość może być jeszcze prawdziwa. Czy twój mąż to przypadkiem nie ten potężny kowal z Labunava, tam, zupełnie z końca doliny? Ach tak, znałam go, kiedy był jeszcze taki mały... Wiesz, jeśli chodzi o pamięć, nie ma takiej drugiej jak ja... Jesteśmy z jednej wsi i często trzymałam go na kolanach... Ha, ha, – zaśmiała się stara diablica – podobało mu się to! Już wtedy nie byłam młoda, o nie! Jednak trudno uwierzyć, że zbliżam się do setki, no nie? Tak, muszę ci powiedzieć jedną rzecz... Gdy ktoś już widział tyle co ja – o, moje biedactwo – nie trzeba chować swej wiedzy dla siebie, trzeba się nią dzielić z bliźnimi. Twój mąż, można powiedzieć, uwielbia cię, lecz wiesz, tu, na środku głowy, miał jeden siwy włos i na pewno ma go nadal, ponieważ takie rzeczy nie znikają same, towarzyszą człowiekowi aż na tamten świat. Nie przerażaj się, lecz na pewno nie pochodzi on od Boga. Swego czasu nie chciałam go ruszać, w końcu to nie moja sprawa. Lecz teraz, gdy stałyśmy się przyjaciółkami, muszę ci wyznać prawdę. Otóż na twoim miejscu... Sama rozumiesz...

– Na moim miejscu co by Pani zrobiła? – spytała biedna młoda kobieta, już nieco przestraszona.

– Na twoim miejscu, mówię ci, natychmiast bym go obcięła. Ażeby więcej nie odrósł, obcięłabym go w momencie, gdy mąż wcale się nie będzie tego spodziewał. Bo wiesz, rzeczy, które pochodzą stamtąd – lepiej nie wymawiać nazwy tej krainy – są zawzięte jak zazdrość, jak trąd...

– No więc, co by Pani zrobiła?

– Otóż tak. Wybrałabym moment, kiedy mąż przerwawszy pracę, będzie wyjmował garnuszek, który ty mu przyniesiesz, i przygotowywał się do posiłku. Wtedy mu powiesz: „Nie pocałujesz twojej małej żonki przed jedzeniem?" I potem, głaszcząc mu głowę na twych kolanach, wyciągniesz spod fartucha wielki nóż kuchenny – im większy, tym lepiej, to zdaje się wymyśliła córka Heroda i ta druga również, ta Dalila – i już włos jest obcięty, a wy spokojni aż do końca waszych dni. Potem mąż będzie cię kochał jeszcze sto razy więcej... No, muszę już iść. Pozdrawiam miłą słuchaczkę...

Następnego dnia wcześnie rano diablica biegnie uprzedzić męża o tym, co ma się zdarzyć.

– Mówię ci już po raz dziesiąty, że wszystko to ceregiele i kłamstwa, nie wierz jej; znalazła kogoś bogatszego i ładniejszego niż ty, na twoim miejscu strzegłabym się...

Najwierniejszy, najufniejszy z mężów przepędził staruchę, śmiejąc się i potraktował jej ponure przepowiednie jak bzdury. Lecz sprawa niemieckiego botanika, która zawsze wydawała mu się dziwna, nabrała nagle w jego oczach nowego zabarwienia – najpierw zimnej i brudnej zieleni grzyba-szatana, potem trupiej żółtości muchomora... Serce człowieka, głowo człowieka, od kiedy, powiedzcie, jesteście bratem i siostrą – wrogami?

Kiedy słońce rozpostarło nad wsią swe wielkie, południowe błogosławieństwo, młoda wieśniaczka zdjęła z pieca garnek, w którym dymiła smaczna zupa, zawinęła go w ściereczkę i poszła w pole, gdzie pracował jej mąż.

Wszystko odbyło się tak, jak przykazała diablica, aż do momentu, gdy głowa nieszczęsnego żniwiarza spoczęła na kolanach czułej małżonki. Mężczyzna, pełen ufności, śmiał się w duchu ze swych niepokojów i z bezrozumnych podejrzeń rodzącej się zazdrości dużego dziecka; spojrzał na spokojną i piękną twarz kobiety i ujrzał w niej niemy znak potwierdzenia. Czy w jego zachowaniu była reszta instynktownej nieufności prostego człowieka, czy też figiel rozpieszczonego kochanka? – nie potrafiłbym powiedzieć. W każdym razie w momencie, gdy głowa jego opadała w fałdy sutego, niebieskiego fartucha, zamknął oczy jak gdyby chciał zasnąć. Kiedy je znów otworzył, wielki nóż jak kosa błyszczał nad jego głową w świetle południowego słońca. Wstał gwałtownie, złapał swą niewinną małżonkę za gardło i w straszliwej ciszy, gdy świat rodził owoce, upuścił ją martwą w trawę sypką i prostą.

– Pardzo piękna praca, pardzo piękne doświadczenie z dziedziny sugestii, jestem pardzo, pardzo zadowolony, jest Pani kobietą-mistrzem – powiedział Diabeł, podając czarownicy na końcu długich szczypiec rękawiczki i pantofle Walpurgii... – Oto twoja zapłata, tylko nie zbliżaj się, po jesteś dużo pardziej sła niż ja i poję się ciebie...

– Ach ty, niby-profesorze, wracaj na górę Broken albo nie, idź do Turyngii udawać naukowca – powiedziała tylko stara, wybuchając śmiechem.

RZEŹBIARZ, PROBOSZCZ I DWUNASTU APOSTOŁÓW

Pewnego razu wileński proboszcz zwrócił się do cudzoziemskiego mistrza-rzeźbiarza z prośbą, by ozdobił on miejską katedrę rzeźbą dwunastu apostołów. Proboszcz, ponaglany mającą się odbyć w jego kościele uroczystością, dał rzeźbiarzowi zaledwie rok na wykonanie tego dzieła. Uzgodniono cenę trzech tysięcy dukatów i artysta, wybrawszy sam odpowiednie drzewa w Puszczy Białowieskiej, z radością zabrał się do pracy. Proboszcz, wielbiciel sztuki, codziennie niemal składał mu wizytę w pracowni. Z wielkim pucharem pełnym tokaju w jednej ręce, w drugiej trzymając ogromną chustkę do ocierania twarzy, Jego Wielebność bawił się facecjami Mistrza, jak też cieszył się postępami dzieła – tu ukazywała się jakaś głowa, ówdzie noga, dalej ramię czy plecy. Żona rzeźbiarza, bardzo pociągająca i niezbyt bystra, brała udział w tych rozmowach i wykazywała tak doskonałą znajomość męskiego ciała, że stanowiło to niezaprzeczalny dowód jej zainteresowania tym tematem. Rok zbliżał się ku końcowi, a z dwunastu apostołów tylko dziewięciu gotowych było na przyjęcie Jego Królewskiej Mości i Dworu. Proboszcz, który przebywał wtedy w Druji, słał list za listem do biednego, przerażonego rzeźbiarza. Ponaglał go, zawiadamiając o swym rychłym powrocie i grożąc mu klątwą Kościoła oraz niełaską Księcia w wypadku nieukończenia dzieła.

– Ty, która jesteś prawdziwą córą Ewy – rzekł kiedyś artysta do żony – co byś zrobiła na mym miejscu? Zostało nam już tylko osiem dni i gotowym założyć się z samym Diabłem, że nikomu, nawet z twoją cenną pomocą, nie udałoby się zrobić trzech apostołów w tak krótkim czasie.

– Gdybyś znał Diabła i jego sługi – odpowiedziała mu beztrosko – nie odważyłbyś się przemawiać w ten sposób, który wydaje mi się najwyżej godny nieszczęsnego rogacza, jakim jesteś. Już upłynęło prawie dziewięć lat naszego małżeństwa a wciąż jesteś tak naiwny, jak pierwszego dnia.

– W tym, co mówisz, jest ziarno prawdy, zgadzam się, lecz dobra rada byłaby warta więcej niż te wszystkie głupstwa całkiem nie na miejscu. Co zrobić, do licha, co zrobić?

– Udać się w niewielką podróż, proszę Pana. To cię rozerwie, a mnie pozwoli wyciągnąć cię z opresji. Co byś powiedział, gdybyś po powrocie zastał w domu trzech świętych, którzy tak cię trapią?

– Powiedziałbym, i to zgodnie z prawdą, że potrafisz doprowadzić do potępienia trzy razy tylu świętych, o Pani. I po tej niesmacznej uwadze nasz wypudrowany i wymuskany Pigmalion odwrócił się i pobiegł, by wsiąść do dyliżansu.

Działo się to w okresie, gdy Moskale nie panowali jeszcze nad Litwą, lecz ich Messalina, pod pretekstem jednej pożałowania godnej anarchii, która panowała w sąsiednim królestwie rządzonym przez jej kochanka, zaczynała już umacniać swą pozycję w tym nieszczęsnym kraju. Mongołowie znad Moskwy i Newy ciągnęli za sobą całą chmarę prawosławnych księży. Wśród tych ostatnich znajdował się pop, obnoszący swą wysoką godność, który zapałał ogromną miłością do pięknej żony rzeźbiarza. Gdy tylko dowiedział się o wyjeździe zwariowanego małżonka, wysłał jej bilecik, w którym jego miłosny zapał wyrażał się najwierniej w handlowej ocenie jej wdzięków. Zachwycona azjatycką wspaniałością tej oferty spryciara, która ponadto miała jeszcze jeden zamysł w głowie, obiecała swemu amantowi, że tego samego wieczora, o dziewiątej, zaspokoi jego pożądanie. Odkładała właśnie pióro, gdy dotarł do niej drugi liścik, pisany przez wikariusza popa. „Przyjmę pana dziś o dziesiątej" – brzmiała krótka odpowiedź bogini. Wreszcie, gdy zapadł już mrok, zgłosił się młody pieśniarz, by osobiście prosić o tę samą łaskę. Żona artysty najchętniej zaspokoiłaby go pierwszego, ze względu na jego młodość i zapał. Niemniej, wierna swym zobowiązaniom oraz porządkowi hierarchicznemu, nakazała, by młody psalmita ze swą cytrą czekał aż do godziny jedenastej.

Kukułka z zegara odezwała się właśnie po raz dziewiąty, gdy pop, na specjalny rozkaz łajdaczki, ukazał się nagusieńki na ulicy. Ledwo zakończyli pierwszą potyczkę, gdy zabrzmiało uderzenie do drzwi, na którego dźwięk zatrząsł się szczęśliwy zwycięzca.

– O Boże, to mój mąż! – szepnęła mu do ucha przebiegła kobieta. – Szybko, schowaj się w przyległej pracowni! – Wepchnęła go sama do komory, w której stały nieruchome posągi dziewięciu apostołów, pogrążone w półmroku. – Stań obok nich i udawaj dziesiątego!

Pop, na wpół żywy ze strachu, natychmiast posłuchał tego polecenia. Kobieta wróciła do pokoju i otworzyła drzwi wikariuszowi. Gdy tylko zaczął ją obejmować, ponownie odezwało się pukanie do drzwi i młody człowiek pobiegł zająć miejsce obok dziesięciu apostołów w komórce. Pop poznał swego wikariusza i z przerażenia natychmiast zmienił się w prawdziwy posąg. Wreszcie młody pieśniarz natarł, by pokonać swą zdobycz; ta ostatnia walka była nieco dłuższa niż dwie poprzednie, ponieważ uczestniczyło w niej może także po trosze serce. Wreszcie u wejścia dał się słyszeć kolejny hałas. Młodzieniec uskoczył do pracowni, i kiedy dwunastu apostołów stało w komplecie, rzeźbiarz, uszczęśliwiony powrotem do domu, wszedł do sypialni i serdecznie powitał czułą małżonkę. Kazała mu ona usiąść na małżeńskim łóżku, opowiedziała ze wszystkimi szczegółami, co działo się tej nocy, wcisnęła mu do kamizelki złote ruble – nagrodę od popa za jej przychylność, i wzięła go wreszcie w swe piękne ramiona, by mu podziękować za okazane jej, jak zwykle, posłuszeństwo – dla jego największego dobra i bez wielkiej ujmy dla jego honoru.

Ta miła osóbka przygotowała całą sprawę w ten sposób, by zbiegła się w czasie z powrotem proboszcza. Rzeźbiarz igrał jeszcze ze swą prawowitą żoną, gdy potężny głos Jego Wielebności rozległ się w przedsionku. Małżonkowie ledwo zdążyli okryć się prześcieradłami zdjętymi z łoża.

– Czy moi apostołowie są gotowi? Mam nadzieję, iż nie zapomnieliście, że to jutro jest nasz wielki dzień? Urzędnicy królewscy są już w zamku, oczekujemy tylko Jego Wysokości, a ja sam spędzę noc w katedrze!

– Wszystko gotowe, Panie, dwunastu apostołów, a szczególnie trzej ostatni, płoną chęcią pokazania się Panu! – I spryciarz pobiegł otworzyć oba skrzydła drzwi do pracowni.

Nie posiadając się z radości, dostojny prałat w towarzystwie niezmordowanej pani domu postąpił trzy kroki naprzód i zatrzymał się w progu, uderzony przedziwną pięknością obrazu, który ukazał się jego oczom.

Księżyc wynurzał się właśnie ze skłębionego i nieruchomego morza obłoków i poprzez oszronione okno rzucał nastrojowe, mistyczne światło na izbę, w której panował przykurzony, staroświecki nieład. Wszystkie przedmioty ukazywały się pełne tajemniczości i spokoju; była to jedna z tych nocy, które zdarzają się tylko pod niebem Litwy, czystej i nabożnej kolebki mitów orfickich, przeniesionych na przestrzeni wieków do Tracji, na Kretę i do Delos. Śnieg na dzwonnicach stu kościołów iskrzył się we wspaniałym, niemym zgiełku słońca i mgławic, gdzie to, co nie było jeszcze wypowiedzianym wołaniem Delf i Eleuzis, łączyło się z poważną i nieprzemijającą dojrzałością Słowa chrześcijańskiego, doniosłego głosu spełnienia najwyższego, nieodpartego, powszechnego.

– Do stu kartaczy! – wykrzyknął proboszcz na widok dwunastu apostołów, przyjmujących w ciszy błogosławieństwo zimy i nocy – do stu kartaczy! Są wspaniali! Ach, Mistrzu, przeszedł Pan samego siebie! Lecz Pani winien jestem tysięczne dzięki za tak cenną pomoc okazaną mężowi. Zwłaszcza jeden z nich – i zbliżył się, by lepiej obejrzeć popa umierającego ze strachu – o ten, proszę spojrzeć! Ileż w nim życia! Ile prawdy! Prędko, proszę o lampę, niech obejrzę go przy świetle!

Ktoś poszedł przynieść pochodnię. Oszaleli ze strachu trzej popi wyskoczyli z szeregu i na złamanie karku rzucili się przez okno.

– Już nie trzeba światła, już nie, ty zbereźniku! – krzyknął ksiądz. – Pozostali też uciekają!

Jego Wielebność, zbyt rozumny i litościwy, by starać się rozwiązać tę dziwną sprawę, kazał odnieść dziewięciu apostołów do katedry, a nazajutrz, bardzo uroczyście i bez najmniejszych oznak urazy, przedstawił znakomitego artystę i jego małżonkę Jego Wysokości Stanisławowi, królowi-filozofowi. Łatwo się domyślić, co wynikło z tego spotkania.

KOT, KOGUT I LIS

Byli sobie pewnego razu Kot i Kogut. Złączeni więzami czułej, wieloletniej przyjaźni i nauczeni doświadczeniem, by nie przywiązywać wagi do światowego życia, powzięli zamiar, by odsunąć się od towarzystwa i zrezygnować ze sławy, którą mogli zawdzięczać swym talentom i urodzeniu. Odkryli zakątek w lesie, bogaty we wszystkie dobra, jakich może dostarczyć wiejskie życie, zbudowali tam szałas i umieścili w nim kilka zaledwie przedmiotów, niezbędnych w ich nowych warunkach. Kogut w młodości obrał karierę wojskową. Kot, który bardzo udatnie grał na skrzypcach i układał serenady, był ponadto zręcznym myśliwym i sam, jak doświadczony rzeźnik, wyrabiał wędliny, którymi, dzięki jego staraniom, zapełniona była spiżarnia. Jakkolwiek dziwne wydawać by się mogło to życie w oczach osób, zafascynowanych fałszywym blaskiem światła, nasi przyjaciele od pierwszego dnia znaleźli w nim tysiąc powodów, aby radować się ze swej decyzji. Kot, długo sobie rano pospawszy, udawał się w głąb lasu. Bez żadnego może przykrego zamiaru wobec zasług, którymi chwalił się Kogut, dzielny wojak, nigdy nie opuszczał kryjówki, zanim nie nakazał mu jak największej ostrożności.

– A zwłaszcza, Panie Kapitanie – mówił mu na pożegnanie,

żegnając go – nigdy nie otwieraj komukolwiek drzwi, bez względu na powody, jakie podawałby, aby dostać się do środka.

Kogut nie okazywał urazy, którą odczuwał, lecz w głębi serca uważał, że troska była przesadna; prawdą jest, że nasze najserdeczniejsze uczucia muszą niejednokrotnie stawiać opór naszej pysze. Przez kilka miesięcy dwaj przyjaciele smakowali tych niewinnych rozkoszy, kiedy pewnego dnia Pan Lis, człowiek z gruntu fałszywy, któremu ranga królewskiego pełnomocnika służyła do osłony niejednego złego postępku, przyszedł do ich drzwi. Znęciły go niewątpliwie bogactwa Koguta, który, pod tym względem wierny starym, lecz próżnym tradycjom swego rodu, niefrasobliwie nosił na sobie całe złoto i wszystkie drogie kamienie, które odziedziczył po swych przodkach. Nasz Kapitan był sam, zajęty układaniem z ziaren, rozsypanych na podłodze, rysunku przedstawiającego bastion czy fortecę. Kazał gościowi wymienić jego tytuły i zasługi, a potem odsunął zamek nucąc pod nosem:

– Zobaczymy, czego chce od nas ten głupek!

Gdy tylko jednak uchyliły się drzwi, pełnomocnik skoczył Kapitanowi do gardła, bijąc go jednocześnie sękatym kijem, który ukrywał pod strojem urzędnika państwowego. Potem potłuczonego i przerażonego pociągnął w kierunku swej kryjówki.

– Panie de Raminagrobis, do mnie, na pomoc! – krzyczał nieszczęsny.

Nimfa Echo, której pieczara znajdowała się nie opodal miejsca tych wydarzeń, usłyszała wołanie i ostatnie jego sylaby zaniosła aż do uszu kota. Kot nadbiegł, niestety, jaskinia Themis zamknęła się już za porywaczem i jego zdobyczą. Oceniwszy sytuację szybkim rzutem oka i ochłonąwszy nieco z wrażenia, Pan de Raminagrobis stanął przed wejściem złoczyńcy i, wyjmując z futerału instrument, który dostarczał mu wiele przyjemności i z którym nigdy się nie rozstawał, zaczął namiętnie grać swą popisową melodię: ,,Pierwszy jest Lukosinkas, drugi jest Temosinkas, jedna nazywała się Masinluke, a druga Didulinke". Zwabiony tą pieśnią najstarszy syn Pana Lisa uchylił lufcik i wysunął głowę. Jednym ciosem smyczka Pan de Raminagrobis ściął ją tak, że cała we krwi potoczyła mu się pod nogi. ,,Pierwszy jest Lukosinkas, drugi jest Temosinkas, jedna nazywała się Masinluke, a druga Didulinke." O Boże, teraz kolej na młodszego. Jego nieszczęsna głowa spada już w purpurową od krwi trawę, obok głowy biednego brata. Pogrzebowy smyczek nadal szarpie struny; młode liski kolejno wychodzą z kryjówki, a nieugięty Pan de Raminagrobis jednego za drugim poświęca swej drogiej Euterpe. Wreszcie ukazuje się sam Pan Lis, otrzymuje fatalny cios i oddaje podziemnym bóstwom swe życie, pełne przestępstw i zbrodni. Kot i Kogut wracają do swej samotni, niosąc na ramionach pieczeń, której te okrutne wydarzenia wcale nie przeszkodziły znakomicie się upiec*.

* Sądziliśmy, wbrew naszemu zwyczajowi, że będzie zabawne, kiedy do wiejskich uroków tego małego opowiadania dodamy parę ozdobników, które będą dobrze ocenione przez Dwór i Akademię. Wydają się one nam zresztą dosyć dobrze dopasowane do losu postaci, z których każda jest dobrze urodzona [przyp. aut.].

SKARB

Pewnego razu żyli sobie mąż i żona, których całe życie prześladował brak szczęścia i których podeszły wiek oraz choroby wtrąciły w nędzę. Żyli oni w dobrych, starych czasach, kiedy to chłopi podlegali nieograniczonej pańszczyźnie i podatkom. Oprócz tego ich nieszczęściem było to, że panem ich był człowiek należący do drobnej szlachty, który gnębił swą wioskę o siedmiu lub ośmiu dymach w tym celu, aby w niedziele i święta mieć przyjemność udania się na mszę w trzęsącym się, dwukołowym powozie zaprzężonym w trzy łyse i koślawe szkapy. Od bardzo już dawna staruszkowie przyzwyczaili się dzielić swymi troskami i zmartwieniami, jednakże Jonukas, który nie potrafił się pozbyć zgubnego zwyczaju rozmyślania nad swym losem, był bardziej godny pożałowania niż Onute, w jej bowiem bezustannej gadaninie nie czuło się najmniejszego śladu myśli. Nasz bohater, którego całym majątkiem była waląca się chałupa, pracował u pana jako strażnik lasów i jezior. Z tego względu jednak, że w całym pańskim majątku znajdował się tylko jeden mizerny lasek – miejsce spotkań kruków z okolicy – i nie było nawet śladu wody, pobory Jonukasa, nie ujmując nic czysto teoretycznemu charakterowi jego zajęć, były mierzone ich użytecznością i polegały głównie na tym, że jego żona miała przywilej szperania w kuchni w poszukiwaniu resztek. Nie spieszmy się jednak ze stwierdzeniem, że Jonukas próżnował. Te dwa zajęcia, pozornie honorowe, kosztowały go w życiu prywatnym bardzo wiele energii, kłusował on bowiem w lasach i na wodach sąsiednich majątków.

Pewnego dnia, zakopując w Kruczym Lasku starego kota, towarzysza swoich smutnych wieczorów, biedak uderzył łopatą w przedmiot, który początkowo wziął za kamień, ale który w rzeczywistości był szerokim i głębokim żelaznym garnkiem, napełnionym aż po brzegi pięknymi monetami z podobizną dawno temu panujących Wielkich Książąt. Odkrycie to ucieszyło go ogromnie, ale radość trwała dosyć krótko. Skarb bowiem był zbyt ciężki, aby starzec mógł go zabrać sam i natychmiast zrozumiał on, że będzie musiał opowiedzieć o tym, co znalazł, swojej starej gadatliwej żonie. Nie mogąc powziąć żadnej decyzji, schował garnek do dziury, złożył obok niego powłokę cielesną swego przyjaciela, przykrył wszystko ziemią i spokojnie powrócił do zajęć.

Na początek skierował kroki do sąsiedniej posiadłości, do miejsca gdzie zwykle zastawiał sidła, wnyki oraz inne pułapki i z przyjemnością zauważył, że w jedną z nich złapał się wielki tłusty zając. Następnie zatrzymał się w bardzo ładnym miejscu, w zakolu rzeki, gdzie umieścił wszystkie rodzaje małych i dużych włóków, węcierzy i sieci. W jednej z nich ujrzał rzucającego się wspaniałego, lśniącego szczupaka. Kiedy zachwycony tak szczęśliwym porankiem Jonukas miał zasiąść w cieniu wierzby i gotował się już do wyjęcia z torby kawałka chleba z serem, nagle wypuścił z rąk wszystkie te przedmioty, puknął się w czoło z natchnioną miną i rzucił echu rzeki oraz lasu to proste słowo: „Znalazłem"!

Bardzo poruszony podniósł się, zbliżył do schwytanych zwierząt, wyjął je z ich więzienia a potem zamknął ponownie, ale

wbrew wszelkiemu zdrowemu rozsądkowi i na przekór naturalnemu porządkowi rzeczy: umieścił bowiem zająca w rybackiej sieci, a szczupaka w pułapce, która służyła mu do chwytania mieszkańców lasu. I wreszcie przechodząc przez sąsiednie miasteczko starzec kupił tyle grubej soli, ile w nim było.

Te tajemnicze operacje nie przeszkodziły zachodowi słońca. Gdy nastała noc, Jonukas posypał solą podwórko swojego domu, a następnie poszedł do Onute, aby zawiadomić ją o odkryciu skarbu.

Dwoje staruszków ze ślepą latarką wyruszyło w drogę. Księżyc był w pierwszej kwadrze; z nieba jaśniało niepewne światło, nadające najbardziej niewinnym przedmiotom przerażający wygląd, który mógł wzbudzić niepokój nawet u osoby mniej przesądnej niż stara. Zatrzymali się najpierw w lesie, gdzie znaleziono szczupaka w sidłach. Następnie poszli nad brzeg rzeki. Po wyciągnięciu sieci z wody ujrzeli w niej zająca. Jonukas patrzył na żonę kątem oka, ale wydawało się, że cuda, które zadziwiłyby samego Diabła, nie wywarły żadnego wrażenia na Onute, chociaż była bojaźliwa.

Stary zaprowadził wreszcie swą małżonkę do lasku, gdzie leżał skarb. Cenny garnek został ponownie wyjęty z ziemi, po przesypaniu złota do worka umieszczono w nim kota, a następnie, uginając się pod wspaniałym ciężarem, dwoje naszych przyjaciół udało się do domu.

Zaledwie uszli kilka kroków, woły w zagrodach zaczęły ryczeć tak żałośnie, że Onute, która źle słyszała, drżąc, zapytała męża, skąd pochodzi ten ludzki głos i czy nie zwiastuje jakiegoś nieszczęścia. Jonukas odpowiedział, wzruszając ramionami, że dobrze zna ten głos, bo jest to głos ich Pana-nędzarza, bitego przez zbuntowanych chłopów na ganku dworu.

W pierwszych blaskach dnia strażnik lasów i wód powlókł się, jak zwykle, w kierunku dostojnej siedziby swojego Pana, aby odebrać rozkazy od wynędzniałego intendenta, zmieniającego się podczas wielkich uroczystości w głównego kucharza. Po powrocie do chaty Jonukas, widząc Onute jeszcze w łóżku, odezwał się do niej tymi słowy:

– Musiałaś naprawdę stracić zmysły, moja biedna staruszko, żeby spać, kiedy wszystkie gospodynie we wsi napełniają worki cudownym gradem, który spadł dziś w nocy.

Nieszczęsna kobieta wstaje, podchodzi do okna, dostrzega całe podwórko białe od soli. Bez słowa chwyta wózek i bierze się dzielnie do roboty, jak gdyby to była najzwyklejsza rzecz pod słońcem, mimo że zdarza się niezbyt często, niewątpliwie z powodu złośliwości mężczyzn.

Chociaż język świerzbił ją bardziej niż zwykle, biedna istota, przestraszona pogróżkami swego męża, zachowywała jakis czas nadzwyczajną tajemnicę. Ale ani jej dyskrecja, ani troskliwe zachody, jakie poczynił Jonukas, aby ukryć przed wszystkimi zmianę, która zaszła w stanie jego majątku, nie mogły przeszkodzić ludziom w wiosce i w pańskiej posiadłości w przeczuciu czegoś niezwykłego. Prosty bowiem zakup u wędrownego Żyda kramarza – chusta, tabakierka lub okulary – wystarczał aż nadto, by wzbudzić zainteresowanie opinii publicznej. Nagabywana przez wszystkich podstępnymi pytaniami, biedna Onute złamała przysięgę i nieczuły a chciwy szlachetka, którego prawa rozciągały się na wszystkie przedmioty widzialne i ukryte w ziemi, pewnego ranka wezwał do dworu strażnika wód i lasów oraz jego żonę.

Sędzia i audytorium otoczyli przybyłych a szlachcic szaraczkowy przeprowadził bardzo długie przesłuchanie, zgodnie ze wszystkimi regułami prawa feudalnego, które zakończyło się następującymi pytaniami:

– Czy wasz małżonek i pan znalazł skarb, czy go nie znalazł w miejscu zwanym Kruczym Laskiem?

– Nie – zabrzmiała zdecydowana odpowiedź starej.

– A przecież powtarzaliście to do znudzenia wszystkim naszym poddanym, nie mówiąc o poddanych naszych dostojnych i potężnych braci i sąsiadów.

Drżąca Onute zaprzeczała do chwili, gdy karząca ręka ogrodnika-kata uniosła w górę brzozowe rózgi.

– No, dobrze, powiedziałam to i co z tego? Może to nieprawda?

Sędzia-Pan zwrócił się do Jonukasa.

– To wszystko to nudne bajki – powiedział strażnik wód i lasów. – To banialuki. Przecież widzicie, że stara jest niespełna rozumu. Jeżeli jest tak bardzo pewna, że wykopała skarb, to niech wam opowie, kiedy i jak to się zdarzyło.

Po tych słowach cała złość Onute skierowała się przeciw Jonukasowi.

– Czy to nie nieszczęście, patrzcie sami – wrzasnęła z pięścią zwróconą ku mężowi – jakby biednej starej nie wystarczało, że ją ciągają przed Piłata, to jeszcze jej własny mąż robi z niej pośmiewisko wobec wszystkich! Poczekaj trochę, stary niedowiarku, zaraz odświeżę ci pamięć. A wy wszyscy nadstawcie uszu i powiedzcie mi, czy to prawda mówi moimi ustami. Tak więc, na moją duszę i sumienie, było to tego wieczoru, kiedy znaleźliśmy szczupaka w sidłach, a zająca w sieci na ryby. Ha, ha! Spójrzcie na niego, nie spodziewał się tego! I to nie koniec. Potem schowaliśmy zdechłego kota do garnka. Co mi powiesz na to, ha, stary spryciarzu? A potem zbieraliśmy sól kuchenną, która padała tej nocy w całej okolicy! I czy sądzicie, Wielmożny Panie, że to wszystko? Czy nie przypominacie sobie pewnego wieczoru, kiedy ryczeliście jak wół, ponieważ sprawiano wam baty na ganku dworu?

W odpowiedzi na te porywcze słowa Jonukas zadowolił się podniesieniem palca do czoła. Wszyscy zgromadzeni powtórzyli instynktownie ten gest. Ogrodnik-kat wyrzucił szaloną za drzwi i tak się zakończył proces.

Kilka dni później stary i stara wynieśli się cichaczem, aby zakończyć swoje życie w pokoju i dobrobycie gdzieś pod Wilnem. Nigdy jednak nie dowiedziano się dokładniej, w jakim miejscu.

MATKA CHRZESTNA

Pewnego razu żyli sobie biedny mężczyzna i biedna kobieta, którzy na próżno szukali pracy i dzień, i noc prosili Niebo, by przyszło im z pomocą. I co się zdarzyło? Niebo obdarowało ich małym dzieckiem. Radość nie przeszkodziła im w zamienieniu paru uwag.

– Co teraz robić? Co się z nami stanie? – mówił ojciec.

– Jesteśmy w nędzy – wzdychała matka. – W jaki sposób bez złamanego grosza przy duszy ochrzcić dziecko.

Zaczęli jednak szukać ojca chrzestnego i matki chrzestnej. Ale chociaż bieda to nie ułomność, wszyscy sąsiedzi odrzucili ten zaszczyt.

Pewnego ranka młody ojciec wyszedł wcześniej niż zwykle, mając zamiar zaprosić na rodziców chrzestnych pierwszego mężczyznę i pierwszą kobietę, którzy mu się nawiną.

Najpierw spotkał mężczyznę. „Zgoda!" – zabrzmiała lakoniczna odpowiedź nieznajomego. Po znalezieniu ojca chrzestnego trzeba było jeszcze znaleźć matkę chrzestną. Młoda kobieta o przyjemnym i skromnym wyglądzie wychodzi z cmentarza. Przyjmuje prośbę z nieśmiałym „tak", czemu towarzyszy bardzo miły uśmiech.

W dniu chrztu Ojciec Chrzestny stuka do drzwi chatki niosąc w sakwie sześciofuntowy chleb i butelkę wina napełnioną w trzech czwartych. Ale w chwilę później wchodzi Matka Chrzestna z prezentami i z licznym orszakiem.

Nigdy we wsi nie brano udziału w takim święcie. Po uczcie, która zakończyła ten piękny dzień, każdy wrócił do domu, a Matka Chrzestna została z młodymi małżonkami i z dzieckiem.

– Nie wiem, doprawdy, jak mam wyrazić swoją wdzięczność – powiedziała rumieniąc się. – Wasze zaufanie i wasza dobroć wzruszyły mnie do głębi. Ta przyjemna uroczystość, w której odegrałam tak miłą i... i tak mało stosowną dla mnie rolę, wzruszyła mnie bardziej, niż potrafię to wyrazić.

– O, Pani, to my, my sami powinniśmy być zawstydzeni wszystkimi zaszczytami, którymi nas obdarzyłaś. Wierzcie nam, droga Matko Chrzestna, nasza wdzięczność nie zakończy się w życiu...

– Życie, życie! – wyjąkała Matka Chrzestna z bardzo słodkim uśmiechem, który trochę za bardzo odsłonił jej zresztą ładne zęby.

– O Pani, czy to możliwe, że mimo młodości, urody i braku trosk materialnych, z których korzystasz, ukryty smutek...

– Bóg chciał, żeby był ukryty! – wyszeptała piękna Matka Chrzestna, opuszczając oczy. – Wystarczy, że powiem, jak się nazywam, a nie będzie między nami żadnej tajemnicy. Jestem Śmierć.

– Pani...

– Spokojnie, spokojnie, dobrzy przyjaciele. Nie obawiajcie się wcale, przynajmniej w chwili obecnej lub raczej w tej, która nastąpi, inna bowiem już minęła – zauważyła z westchnieniem Śmierć.

– Jesteśmy biedakami, o Pani. Więzy, które łączą nas z życiem, są bardzo wątłe...

– Tak, tak, wiem o tym... Ale moim przeznaczeniem jest to, żeby się mnie obawiano i nienawidzono mnie, a trwoga i nienawiść rodzą się zarówno z moich dobrodziejstw, jak z mojego okrucieństwa. Będziecie mnie wkrótce przeklinać, ponieważ daję wam sławę, zaszczyty i bogactwo, trzy rzeczy, które, stwarzając niepohamowaną miłość do świata, powodują, że większość żywych staje się martwa.

– Sława, zaszczyty, bogactwo? O, Pani, bardzo słusznie zrobiliśmy, nie bojąc się Pani i zwracając się do niej.

– Niestety, moi dobrzy przyjaciele, trucizna już działa! Ale jeszcze słowo, nie obawiajcie się wcale. Aby oszczędzić waszej duszy zbyt srogiego losu, pragnę, aby ta sława, te zaszczyty i to bogactwo były zapłatą za uczciwą i dającą korzyści pracę.

– Proszę mówić, o Pani. Tak długo, wbrew naszej woli, byliśmy bez pracy.

– Bardzo dobrze. Oto, co wam proponuję – wyszeptała Matka Chrzestna nachylając nieco swoją bladą twarz w stronę młodego małżonka. – Włożysz strój i czapkę lekarza. Kiedy będziesz u chorego, pojawię się – tylko dla ciebie, to zrozumiałe, albo u wezgłowia, albo w nogach łóżka. Jeżeli stanę u wezgłowia, biedakowi pozostaje tylko sporządzenie testamentu. Ale jeżeli będę w nogach, możesz go zapewnić o pewnym wyzdrowieniu. Będąc obdarzonym tak niezawodną przenikliwością prześcigniesz bardzo prędko wszystkich najbardziej sławnych lekarzy i już teraz widzę, jak zapisujesz emetyk i mikstury finansistom oraz wszystkim duchowym i przemijającym przywódcom tego świata. – I włożywszy mitenki i ukłoniwszy się, mała Matka Chrzestna skierowała się drobnym kroczkiem do drzwi.

Wkrótce w pałacach i pod strzechami nie mówiono o niczym innym, jak o pojawieniu się na firmamencie nauki nowej gwiazdy, której dobroczynne promienie zaćmiły wszystkie obecne i dawne sławy medyczne. Jedno spojrzenie (i nic w tym dziwnego) wystarczało młodemu doktorowi do wypowiedzenia werdyktu, który ożywiał nadzieję w sercu spadkobierców lub legatariuszy. Tym zaś przede wszystkim, co budziło zaufanie ludzi, mimo lub być może z powodu niepokoju, który wzbudzał, była zdecydowana szczerość w jego słowach i czynach. Mówił zawsze tak lub nie; w pierwszym przypadku zasiadał u wezgłowia chorego i przywracał mu życie, w drugim – wypowiadał pocieszające słowa i wychodził błogosławiony przez spadkobierców oraz podziwiany przez zasmuconych.

Tak wielka szczerość, w połączeniu z niezrównaną zręcznością, nie mogła po kilku miesiącach praktyki nie dać naszemu bohaterowi wszystkich przyjemności stanu skromnego, ale godnego szacunku. Ponieważ jednak jego serce opanował demon dumy i chciwości, wkrótce uznał, że powodzenie jest jego wyłączną zasługą i spieszno mu było zabłysnąć na dworze jednego z tych potentatów, o których mówiła mu jego liberalna i szczególna wspólniczka.

Tak niecierpliwie oczekiwana okazja nadarzyła się wreszcie. Najstarsza córka panującego Wielkiego Księcia zachorowała i władca kazał wezwać naszą wyrocznię do zamku. Lekarz biegnie do zamku i znajduje Panią Śmierć w głowach łóżka. Prosi kumę, aby zmieniła miejsce i nie przeszkadzała w wyzdrowieniu, które przyniesie mu tak wielkie korzyści. Ale na całą odpowiedź figlarka uśmiechnęła się uroczo, pokazując mu trzydzieści dwa zęby. Uczeń Eskulapa zastosował wówczas wybieg: sprowadził obracające się łóżko i kiedy natarczywa Śmierć stawała u wezgłowia, wystarczało nacisnąć guzik, aby znalazła się w nogach chorej. Zabawa ta znużyła w końcu Matkę Chrzestną, odeszła pełna urazy, a nieco później nasz doktor opuścił pałac dumny ze swego zwycięstwa, głaszcząc pod płaszczem dobrze wypchaną sakiewkę.

Gdy tylko zajął miejsce przy stole naprzeciw żony i dziecka, ktoś zastukał do drzwi. Była to jego dobrodziejka, która przyszła uściskać chrześniaka. Kiedy popieściła go czule i zjadła wyśmienity posiłek, wzięła doktora na stronę i doradziła mu, żeby położył się do łóżka „aby naprawić podczas wiecznego odpoczynku przykre skutki niedawnej bezsenności". Nieszczęsny, który myślał o czymś zupełnie innym niż o takim odpoczynku, jeszcze i tym razem zrobił, co mógł i uzyskał od swojej młodej i pięknej protektorki trzy dni na wykonanie trumny, godnej tak znanego lekarza. Trumnę zrobiono według jego projektu i zaleceń, a kiedy mu ją przyniesiono, lekarz położył się na brzuchu, inaczej niż było to przyjęte.

– Mogę was uśpić, Panie – powiedziała mu Matka Chrzestna – tylko wtedy, kiedy się przyzwoicie i wygodniej ułożycie.

Nieszczęsna ofiara położyła się na plecach, ale trumna miała takie wymiary, że kiedy lekarz znajdował się w nowej pozycji, nie można było jej zamknąć. Po jednej czy dwóch godzinach starań zniecierpliwiona Śmierć rozkazała doktorowi podnieść się i zajęła jego miejsce, aby pokazać mu, jak powinien ułożyć się w trumnie. Gdy tylko spryciarz zobaczył Śmierć leżącą w trumnie, przybił wieko, wrzucił „czarujący przedmiot" na taczki i pobiegł pochować w lesie.

Minęło siedem lat, podczas których na świecie nikt nie umarł. Cud ten przypisano oczywiście eliksirom dzielnego doktora. Doszło już do tego, że ludzie, którzy przyzwyczaili się do nieśmiertelności, zaczęli się skarżyć na monotonię. Pewnego razu chłopcy, pilnujący krów w lesie, usłyszeli szlochanie dobiegające spod ziemi. Zaczęli kopać dół, i jakie było ich zdumienie, kiedy z odkopanej przez nich trumny wyszła młoda, żywa, ale całkowicie wyschnięta kobieta. (Właśnie od tego dnia Śmierć przedstawia się w postaci szkieletu.) Jak zawsze uprzejma i uśmiechnięta, biedaczka podziękowała małym oswobodzicielom i poszła usiąść na pniu w ciemnej alei, która prowadziła do domu doktora. Kiedy lekarz pojawił się, przybrała postawę żebraczki, dostała od niego jałmużnę i poprosiła go w imię Boga, aby zmówił „Ojcze nasz" w jej intencji. Młody lekarz zgodził się chętnie, ale kiedy tylko wypowiedział pierwszą sylabę słowa „amen", wpadł na wieczność w ramiona tej, która od wielu lat kochała go miłością ukrytą i beznadziejną, taką jak samo życie.

CZAROWNICA

Pewnego razu żyła sobie staruszka, dla której parafianie i almanachy nie miały żadnej tajemnicy. Znana była we wsi jako osoba potrafiąca dobrze doradzić. Ale dary, które otrzymała od nieba, bardzo mało pomogły jej na ziemi i mimo że wiek oraz choroby nie osłabiły wcale jej pamięci, nie zachowała w niej wspomnienia żadnego dnia, który nie byłby zatruty troską o jutro. Nie mając środków do życia i nie umiejąc żebrać, posłużyła się sztuką, która była wówczas bardzo na czasie, czarami. Pierwsza próba udała się znakomicie. Staruszka zabrała sąsiadowi kozę i ukryła ją na leśnej polanie, następnie, zostawiwszy wieśniakowi czas na próżne poszukiwania, zrobiła wszystko, udając, że nic ją to nie obchodzi, aby wyrwać z niego pytanie, na które miała gotową odpowiedź.

– Czy nie widzieliście przypadkiem mojej kozy?

– Nie, ale jeżeli potraficie dochować tajemnicy, mogę ją odnaleźć nawet dzisiaj za wstawiennictwem króla Salomona.

– Mowa jest srebrem, milczenie złotem, możecie liczyć na mnie.

Staruszka wraca do swojej chatki i zjawia się po chwili.

– W porządku. Podziwiałam go w całej chwale. Wasza koza jest na polanie.

Mija parę dni. Spryciarka zabiera do lasu parę wołów, przywiązuje je do drzewa i staje w zaroślach na czatach. Mija zaledwie godzina, kiedy widzi zbliżającego się mężczyznę z sąsiedniego miasteczka, który nie cieszył się najlepszą reputacją. Upewniwszy się, że nikt go nie widzi, nicpoń odwiązuje woły i prędko uchodzi ze swym łupem. Tymczasem, jak łatwo się domyśleć, wieść o przygodzie z kozą obiegła już okolicę. Właściciel wołów pojawia się u starej.

– Nie wiem, czy to, co opowiadają, jest prawdą, ale słyszałem, że jesteście w porozumieniu... To wystarczy. Skradziono mi woły. Czy możecie mi powiedzieć, gdzie są?

– Kiedy wiadomo, jak się do tego zabrać, jak mówi Asmodeusz, dochodzi się zawsze do celu. Lecz to trudna sprawa, warta wózek pszenicy.

– Do diabła, nieźle, ale to nie za dużo, jeśli praca jest dobrze zrobiona.

Stara zaczyna swoje praktyki, ale dużo pewniej niż za pierwszym razem. Wchodzi do chaty, wybiega z niej cała rozczochrana i zadyszana, z dużą miotłą w ręku:

– Kiedy chodzi o bydło, nie jest to takie łatwe jak z baranem lub wieprzem. Ale w końcu wiemy, co chcieliśmy wiedzieć. Człowieku, nie ma chwili do stracenia. Pójdziecie od razu do miasta, zapytacie się o dużego Juzinkasa. To on obciążył swe sumienie ohydnym czynem. – Nowe zwycięstwo zrobiło więcej szumu niż pierwsze. Za trzecim razem okazję do ujawnienia swoich talentów dał jasnowidzącej koń. Zwierzę, zabrane do lasu i przywiązane do dębu, zostało tam znalezione dzięki czarodziejskiemu jasnowidzeniu starej. Tym razem nasza spryciara zetknęła się z frantem, który uważał, że okup jest dosyć duży i chciał trafić jednym strzałem dwa zające. Wbił sobie do głowy, iż zatrzyma złodzieja, kiedy przyjdzie po łup.

– Jeżeli to sprawi ci przyjemność, proszę bardzo, mój milutki, czatuj pod dębem, ale zapamiętaj, że nie wtrącam się do tego. Będziesz długo czekał, albowiem Abrakadabrael, który wie o tym dużo więcej niż ty i ja, powtórzył mi trzy razy, że ten tchórz zostawił tu zwierzę, aby się od niego uwolnić.

Trąby sławy grzmiały teraz na dwadzieścia mil wokoło o tajemniczych zdolnościach starej i o jej godnej pochwały trosce, aby posługiwać się nimi tylko w uczciwych sprawach. Przez jakiś czas jej niskie urodzenie sprawiało, że rzemiosło swe wykonywała jedynie wśród prostych ludzi. Ale pewnego pięknego dnia wezwano ją, aby swoją sztuką pomogła w wyświetleniu sprawy, która poruszyła całą szlachtę w okolicy. Sługa i pocztylion jednego z najpotężniejszych książąt litewskich Świętego Cesarstwa skradli magnatowi szkatułkę wypełnioną drogocennymi medalami i biżuterią. Wieść o sławie czarodziejki dotarła do uszu Wielmożnego Pana, który wezwał sprawców tej kradzieży, rozkazując im, aby ją sprowadzili dobrowolnie lub siłą. Miejsce, które miało być teatrem jej poczynań, a także świetność pałacu, do którego miała się udać, przestraszyły ją tak bardzo, że dwaj łajdacy musieli uśpić bojaźń wróżki i skłonić ją do wejścia do karety. W czasie całej podróży stara drapała się w głowę, mamrocząc:

– To wszystko źle się skończy, ale tym gorzej dla mnie i tym gorzej dla nich.

Dwaj słudzy, którzy mieli nieczyste sumienia, źle zrozumieli sens słów staruchy i pojęli je jako oznakę współczucia dla siebie. Zatrzymali konie, rzucili się do stóp czarownicy, całując jej ręce i prosząc aby oszczędziła im chłosty i stryczka. Ta zaś, uszczęśliwiona, że tak małym kosztem wyjdzie z opresji, ukrywając zaskoczenie, wydobyła z nich resztę sekretu, a także sumę stu dukatów, wypłaconą natychmiast z innej kradzieży, ponieważ nie była to ich pierwsza kradzież. Będąc zupełnie pewną wyniku nowej sprawy, kazała czekać Jaśniepanu, zażądała trzeciej części wartości skradzionych przedmiotów i poprosiła go, aby w czynnościach pomagał jej sługa, który eskortował ją w czasie podróży. Książę, który nie spodziewał się ani takiej wyniosłości, ani tak oburzającej chciwości, zrobił jednak dobrą minę do złej gry. Ale następnego dnia, w którym miało się odbyć doświadczenie, zdjęty nagłym podejrzeniem, postanowił wziąć w nim udział i mieć oczy oraz uszy otwarte. Pewność, z jaką sługa podążył krętą ścieżką, która w środku ciemnego i bujnego lasu ginęła na bagnistym i zaledwie dostępnym gruncie, podejrzany wygląd, który współwina nadaje twarzy nawet najbardziej wytrawnego aktora, i wreszcie łatwość, z jaką dwaj towarzysze mogli położyć rękę na skarbie ukrytym w głębi wazy – wszystkie te szczegóły wywarły na dosyć podejrzliwym z natury szlachcicu bardzo dziwne wrażenie. Zwierzył się z niego starej, mówiąc, że podejrzewa tylko swego sługę. Ale czarownica ucięła krótko te insynuacje: złodziej jest już na innym świecie, gdyż kilka dni przedtem rozerwał się przy nim garłacz. Wiadomość tę, podobnie jak inne, uzyskała z ust zmarłego, który zeszłej nocy złożył jej wizytę.

Odpowiedź ta zasiała pewien niepokój w umyśle Księcia. Jego wrodzona dobroć nakazywała mu jak najprzychylniej patrzeć na postępowanie ludzi. Z drugiej jednak strony złe wspomnienia z dzieciństwa powodowały, iż zachowywał ostrożną rezerwę. Zgodnie z obietnicą wypłacił starej uzgodnioną sumę, a ponadto włożył jej do koszyka pełną sakiewkę, aby aż do ostatnich dni mogła spokojnie żyć wśród najznaczniejszych osób we wsi, z której pochodziła. Dzień przed odjazdem starej Książę postanowił rozerwać się, pokazując ją niektórym szlachetnie urodzonym i dostojnikom kościelnym z okolicy na wielkim przyjęciu wydanym na jej cześć. Chcąc jednak upewnić się co do jej zdolności nadprzyrodzonych, gdy wniesiono jarząbki, kazał jej podać ptaka innego, czyli srokę. Na początku przyjęcia wiejska Pytia starała się zachowywać poprawnie, wzorując się na szlachetnie urodzonych sąsiadach. Ale właśnie wówczas, gdy kuzynka kruka pojawiła się na jej talerzu, walka, jaką w jej sercu toczyła próżność z wrodzoną nieśmiałością, zakończyła się klęską tej ostatniej. Nie podejrzewając zupełnie gastronomicznego oszustwa, którego padła ofiarą, nagle podczas ogólnej ciszy powiedziała do siebie te słowa:

– No i co, co o tym myślisz, biedna starucho? Czyż nie jesteś wśród naprawdę dobrego towarzystwa, ty sroko...

Reszta jej słów zginęła w szumie okrzyków zdziwienia i braw.

Wśród wszystkich świadków cudu jedynie książę pozostawał jeszcze trochę nieufny i przenikliwa starucha zauważyła to. Wkrótce nadarzyła się sposobność, aby rozwiać tę ostatnią chmurę, która przesłaniała chwałę naszej Circe. Kiedy opuszczała gospodarza, aby powrócić do swojej wsi, w oddali pojawił się wózek, którego kontury zamazywała poranna mgła.

– Powiedzcie mi więc, co wiezie wózek i jak się nazywa woźnica? – zapytał ją Książę.

Biedna kobieta, która straciła wreszcie cierpliwość, zaczęła krzyczeć:

– U góry i na dole – człowiek i towar. To, co tam widać, to, co tam widać, to gówno, Wielmożny Panie!

Zaskoczony Książę posyła sługę. Cały wózek był napełniony nawozem, a człowiek który powoził, nazywał się *Lebrenneux**. Tego samego dnia Książę zabrał się do studiowania magii.

* Lebrenneux – pokryty odchodami [przyp. tłum.].

Pewnej zimowej nocy przypadek sprawił, że przy jednym stole w oberży spotkali się dwaj bogaci Panowie i zrujnowany szlachcic. Po zjedzeniu kolacji trzej współbiesiadnicy postanowili zagrać partyjkę brelana, ale w oberży nie znaleziono kart. Biedny szlachcic zaproponował wówczas partię bujd, w której wygra ten, kogo dwaj pozostali uznają za wierutnego kłamcę. Wyzwanie zostało przyjęte, każdy postawił swoją stawkę. Najstarszy z Panów pierwszy zabrał głos.

– Moje kapusty, Panowie, są największe, najlepsze i najbardziej soczyste na całej ziemi. Kazałem je obficie podlewać szlachetną uryną, co im robi tak dobrze, że jedna z nich, wyjątkowo wielka – nietrudno to stwierdzić – jedna z nich ostatnio w czasie burzy służyła za schronienie szwadronowi szwoleżerów Jego Majestatu.

– Co tam! – powiedzieli dwaj inni – to z pewnością dobry przepis i trzeba go zapamiętać, ale samo wydarzenie nie jest niczym szczególnym.

Przyszła kolej na drugiego Pana.

– W mojej okolicy – powiedział z wielką pewnością siebie – lasy z żyta (słuchacze stłumili lekkie ziewnięcie), lasy z żyta pokrywają duże przestrzenie, które w czasie zbiorów dają pracę armii drwali. Wyciągamy pojedyncze łodygi, zaprzęgając do nich trzy, a niekiedy cztery czy nawet pięć naszych najpotężniejszych żubrów z Białowieży...

– Ha – przerwał szlachcic nie mający grosza przy duszy – przypomina mi to dosyć dziwną przygodę, jakiej padłem ofiarą w tych okolicach. Napotkałem jeden z tych kłosów powalony przez piorun i leżący w poprzek drogi. Moi ludzie wysilali się przez parę godzin, po czym weszliśmy na bardzo długą i nierówną drogę. Ale, jeśli się nie mylę, teraz moja kolej i odwołuję się do waszej pobłażliwości w stosunku do historyjki, której jedyna wartość polega na tym, że jest absolutnie prawdziwa. Jako ostatni potomek sławnego, a nie pieszczonego przez Fortunę rodu, byłem w dzieciństwie pastuchem pszczół. W pierwszych blaskach dnia z kijem w ręku prowadziłem moje skrzydlate i bzykające stada w doliny usiane najpiękniejszymi dziećmi Zefira i Flory. O zmroku przyprowadzałem pracowite pszczoły do owczarni, gdzie mój ojciec liczył je, wygłaszając różne sentencje. Otóż zdarzyło się, że pewnego dnia na apelu zabrakło jednego z moich zwierząt. Ach, Panowie, nie jestem w stanie opisać mojego wstydu i rozpaczy. Całe lato poświęciłem na poszukiwanie uciekinierki; lasy i łąki rozbrzmiewały płaczliwymi dźwiękami mojej fujarki i moich zawodzeń. Była to bowiem, niestety, moja ulubiona pszczoła i rozpoznawałem ją z odległości jednej mili nie tylko po fontaziach, którymi ją zdobiłem, ale ponadto po modnych aryjkach, które wykonywała skrzydłami, lecąc radośnie na spotkanie ze mną. Przebiegałem więc od kilku miesięcy gęstwiny i polany, kiedy pewnego wieczora usłyszałem rozdzierający krzyk. Biegnę... i co widzę! Nad brzegiem przepaści sześć wielkich wilków znęca się nad moim kochanym owadem. Jednym prztyczkiem strącam je na dno czeluści, pochylam się nad królową mojego serca – umarła. „Nędzniku – mówię do siebie – oto owoc twojej niewdzięczności i lekkomyślności..." Nie ośmieliłem się wrócić do ojca, ponieważ bałem się kary, na którą aż za bardzo zasłużyłem. W tych okrutnych okolicznościach moje zapłakane spojrzenie spoczęło na jeszcze drżącym żądle nieżywej pszczoły. Wyrywam je świętokradczą ręką i za pomocą tego ostrego narzędzia buduję łódkę, której powierzam swój godny pożałowania los. Nie podejmę się opisać wam zasadzek, jakie zły los usiał na mojej drodze. Niech wam wystarczy, iż pewnej burzliwej nocy porwała mnie ogromna fala, która zaniosła mnie aż do gwiazd i złożyła na skraju nieba. Znalazłem tam dwa kapelusze tak wielkie i ozdobne wielkimi i giętkimi piórami, że przypiąłem je do ramion, aby wyglądać jak anioł. Był to szczęśliwy pomysł, ledwie bowiem to wykonałem, zerwał się gwałtowny wiatr i poczułem, że znowu wiszę w powietrzu, tym razem jednak po to, aby bardzo spokojnie zstąpić na planetę, na której ujrzałem światło dnia. Właśnie dzięki tej ostatniej przygodzie żyję jeszcze na tym świecie i spędzam przyjemny wieczór razem z wami.

Biedny szlachcic zamilkł. Długie milczenie zapanowało w sali oberży. Słychać było tylko skargę wiatru w starym kominku. Jednakże jeden z Panów, budząc się z głębokiego zamyślenia, zapytał opowiadającego, co się stało z dwoma kapeluszami.

– Wydaje mi się, że losy tych nieszczęsnych nakryć głowy nie bardzo nadają się do rozbawienia słuchaczy waszego stanu i waszych zasług, ponieważ jednak raczycie pytać o nie, powiem, co się z nimi stało. Kiedy postawiłem nogi na krwawym i łzawym błocie, z którego jest zrobiony nasz mały świat, spostrzegłem świniarza i świniarkę, którzy dygotali z zimna w padającej mżawce i których żałosny wygląd wzruszył mnie. Zapytałem o nazwisko i ofiarowałem im dwa kapelusze. Mówiąc szczerze mam wszystkie powody, zwłaszcza dzisiaj, aby chwalić siebie za ten czyn, albowiem świniopasy, proszę Pana, były waszym szanownym ojcem i waszą szanowną matką.

– Na rogi Diabła – krzyknęli dwaj Panowie – nasi rodzice urodzili się na stopniach tronu, a wasze uszy...

Ale uspokoili się nagle na wspomnienie, że była to tylko zabawa:

– No, no, Panie, cieszcie się z waszego triumfu, gdyż, prawdę mówiąc, jesteście wierutnym kłamcą.

Szlachcic zgodził się na to bardzo chętnie, podrzucając w rękach i podzwaniając znaczną nagrodą za zwycięstwo.

PAPUGA, POETA I ŻYD

Pewien władca miał śliczną małą papugę, którą porównywał, zresztą niesłusznie, do parlamentu w swoim królestwie, ponieważ ptak miał dobre maniery i rozumiał, co pan do niego mówił. Pewnego dnia skrzydlaty psotnik wyleciał z okna otworzonego przez Namiestnika Policji, ale wkrótce został schwytany przez pewnego starca, który pisał tragedie i prosił o jałmużnę panów z Dworu u drzwi ich karet. Stary poeta, pełen werwy i powiedzonek na czasie, kiedy chodziło o to, aby w usta Pompejusza lub Sułtana włożyć aroganckie lub przekonywające słowa, tracił zdolność mówienia na samą myśl zwrócenia się do szwajcara, który puszył się przed bramą zamku. Nie wiedząc, co zrobić, żeby dotrzeć aż do władcy, poprosił o radę pewnego Żyda, który, podobnie jak wielu jego rodaków, podzielił swoje życie na dwie równe, ale całkowicie różniące się części: pierwszą poświęconą spekulacjom ducha, a drugą handlowi.

– Dasz mi połowę nagrody, którą otrzymasz od Króla, a zaprowadzę cię nie tylko na pokoje, w których Królowa pozwala usiąść niektórym księżniczkom, ale nawet tam, gdzie Król prosi, żeby się położyły – powiedział Żyd.

Wychowanek muz zgodził się natychmiast i dwaj przyjaciele

skierowali swoje kroki do siedziby królewskiej. Żyd otworzył przed szwajcarem cały skarbiec mniej i bardziej swawolnych anegdotek i udało mu się przekroczyć pilnowane przez niego drzwi, ale po przyrzeczeniu mu czwartej części nagrody. Natchniony odźwierny policzył na palcach, zagmatwał się w rachunkach i powiedział do siebie, aby się pocieszyć, że zostanie mu zawsze dosyć, by kupić parę bardzo przyzwoitych spodni. Ale u drzwi sali tronowej Wielki Odźwierny kazał czekać dwóm petentom aż do chwili, gdy uzyskał od poety zapewnienie, że zrzecze się na jego korzyść reszty królewskiej nagrody. Rywal Eurypidesa już wyciągał z kieszeni chusteczkę, aby wytrzeć sobie oczy, kiedy w klatce, którą trzymał zawieszoną na palcu, papuga wybuchnęła tak zdrowym i złośliwym śmiechem, że poeta zaczerwienił się z powodu chwili słabości i zaczął natychmiast obmyślać plan komedii, której tematem miały być doznane przez niego przykrości.

Właśnie szkicował trzeci akt, kiedy dwa skrzydła drzwi do apartamentów królewskich otworzyły się, aby pozwolić mu wejść, podczas gdy Wielki Odźwierny zapowiadał go dumnie, mówiąc przez nos, rolując straszliwie głoskę „r":

– Pan Poeta, Otwieracz Bram, który złapał Ozdobną Papugę Jego Królewskiego Majestatu!

Mały, dzielny Żyd poczuł, że nogi uginają się pod nim, pobłogosławił monarchę za to, że nie kazał go zawołać, i zaszył się w ciemnym kącie przedpokoju, aby, zgodnie ze zwyczajami swojej rasy, mamrotać modlitwy w intencji chwały i pomyślności władcy, nie zważając zupełnie na jego osobę, narodowość czy religię. Następnie jego myśli powróciły zwykłą drogą do codziennych zajęć i do tego, jak wykorzysta swoją część nagrody królewskiej.

Właściciel papugi był jednym z tych władców, którzy w wyniku rozczarowania ludźmi i z powodu znajomości ich głupoty oraz podłości powołują się na boskie prawo jedynie po to, aby całkowicie pozostawić Niebu kierowanie potwornymi sprawami tego świata. Nie dlatego żeby musiał ponad miarę wystrzegać się swojej matki, żony lub ministrów, ale bardziej niż z nimi wolał przebywać ze swoją papugą i z Panem Hrabią z Saint-Germain, tajemnym wysłannikiem swojego przyjaciela, czarującego Ludwika Ulubionego. Wielka zatem była jego radość, gdy biedny starzec otworzył klatkę i mała Lori, szczęśliwa, że znowu widzi swojego pana, pofrunęła, by usadowić się na czubku jego wielkiego nosa. Ale bardziej godna naszego podziwu, niż ta przecież tak wzruszająca scena, jest nagła zmiana, która zaszła nagle w naszym poecie po pierwszym słowie, jakie Jego Wysokość raczył do niego powiedzieć ze szlachetnym i wytwornym uśmiechem. Poeta, tak skryty i nieśmiały wobec pospolitych, bogatych lub biednych ludzi, poczuł po raz pierwszy w życiu, że jest sam na sam z człowiekiem swego gatunku, i stojąc przed tym prawdziwym, wielkim panem, w którego najmniejszym poruszeniu widoczna była głęboka szlachetność rozczarowania, zawstydził się z powodu wyższości swojego umysłu, czułego jeszcze na uroki złudzeń. Król w sposób bardzo subtelny pojął najbardziej ulotne odcienie tajemnicy porozumienia, która spełniała się między nimi. Zapytał życzliwie poetę o biedne życie, wysoko ocenił odpowiedź jego Kleopatry na tyradę jego Antoniusza i zaproponował mu po prostu zamieszkanie w zamku w charakterze historiografa. Starzec zgodził się na to z radością i zanim opuścił władcę opowiedział mu o dziwnej umowie zawartej z Żydem, szwajcarem i Wielkim Odźwiernym. Wyznał mu również żartobliwie, że początkowo miał zamiar prosić Jego Wysokość o sto rózg za całą nagrodę, które zgodnie z przyjętymi warunkami mieli otrzymać jego zbyt chciwi przyjaciele. Król uśmiechnął się, ale chwilę później zmienił ton, wezwał sługę i rozkazał mu niezwłocznie wykonać warunki umowy na plecach kontrahentów. Nowy historiograf gorąco bronił biednych skazanych. Uzyskał jedynie to, że razy zostały zadane ręką chłopca, przy czym do wykonania tej operacji Król wyznaczył najpotężniejszego ze swoich forysiów. Władca i poeta stali się bardzo dobrymi przyjaciółmi, ten ostatni jednak aż do dnia śmierci skwapliwie wystrzegał się mieszania kogokolwiek do swoich kaprysów.

ŁAUMY

Historyjki, które usłyszycie tej nocy – ale rozjaśnijcie najpierw świecę – sięgają zamierzchłych czasów, kiedy Łaumy pokazywały się jeszcze w naszych stronach. Założę się, że nazwa „Łaumy" mówi wam niewiele. Od kiedy bowiem szkoły rosną u nas jak grzyby po deszczu, nie macie wcale czasu, aby spojrzeć na to, co się dzieje wokół was ani by zrozumieć ukryty sens niektórych legend, które wykołysały pokolenia. Łaumy były duchami, jakie nawiedzały ruiny, opuszczone cmentarze i inne miejsca budzące strach. Gdy ukazywały się ludziom, przybierały postać ohydnych czarownic bądź też młodych kobiet obdarzonych nieodpartymi wdziękami. Te kapryśne istoty, niezdolne do podjęcia lub do szczęśliwego wykonania jakiejkolwiek pracy, znajdują jednak przyjemność pomagając śmiertelnikom w ich czynnościach. Nie lubiły one używać zręcznych palców przy kołowrotku i kądzieli, odwiedzały więc gospodarstwa oraz zagrody. Jako zręczne żniwiarki u jednych gospodarzy i mistrzynie młócki u innych, nie wymagały od ludzi żadnej zapłaty i były lubiane przez konie oraz woły. Zachęcały je do pracy nie używając ościenia ani bata. Mimo to u Łaum, podobnie jak u innych dzieci natury, nie oświeconych znajomością i poszanowaniem

Ducha Mądrości i Dobroci, te piękne skłonności nie wykluczały pewnych wad. Obok innych praktyk niegodnych pochwały zarzucano im, że kradną noworodki, zastępując je niekiedy własnym potomstwem. Małych intruzów można było rozpoznać po nadmiernie wielkiej głowie przechylonej na ramię, zbyt wcześnie ożywionej, co uwidoczniało się w złośliwych rysach twarzy i w opowiadaniu przez nie śmiałych dykteryjek. Wszystkie te dzieci, bez żadnego wyjątku, umierały przed osiągnięciem dwunastego roku życia.

Pewna uboga kobieta wychowywała jedną z tych kukułek o ludzkiej twarzy, nie podejrzewając zupełnie oszustwa. Kiedy dziecko miało trzy lata, jego matka zaniepokoiła się nieco, widząc, że nie potrafi zrobić kroku ani wymówić żadnej sylaby. Zwierzyła się kiedyś niskiemu starcowi, który w lecie żebrał, a w zimie spał za piecem.

– Ależ weźcie kurze jajko, opróżnijcie je, a następnie po napełnieniu deszczówką zawieście je na czerwonej nitce pod sufitem w kuchni i lekko podgrzejcie. W taki sposób będziecie mieli czyste sumienie. Albo berbeć jest owocem waszej miłości i wtedy nic się nie stanie, albo narodził się ze smoka oraz Łaumy i zacznie kazać jak ksiądz, a potem umrze – doradził jej starzec.

– Nieszczęsna postąpiła w myśl rady, mając nadzieję, że eksperyment wyjawi zdolności dziecka, ale nie spowoduje jego śmierci. Kiedy tylko lampa nocna została zapalona pod jajkiem, dziecko wyrwało się z odrętwienia, usiadło, spojrzało zamyślonym wzrokiem na alembik i drżącym, ale pewnym głosem zwróciło się do matki słowami, które napełniły ją trwogą:

– Zrób mi łaskę, moja najlepsza, i powiedz, co masz zamiar uczynić i dlaczego od pewnego czasu widzę na twojej twarzy

wyraz melancholii, który smuci mnie bardziej, niż potrafię to wypowiedzieć. Obawiam się, że padłaś ofiarą nadmiernej wyobraźni lub jednego z tych szarlatanów, którzy chodzą po kraju i szerzą w nim zabobony w naszym wieku oświecenia. Zostaw, wierz mi, wszystkie te dziecinady i powróć do zwykłych zajęć. Słowo daję, nigdy w moim długim życiu nie widziałem nic, co by do tego stopnia obrażało zasady dobrego smaku i zdrowego rozsądku.

Biedna kobieta, pełna podziwu i obawy, ośmieliła się jednak zapytać swojego berbecia o jego dawne życie.

– Było pełne przygód, o Pani. Opuściłem nasz kraj, gdy książę Radziwiłł sadził sąsiednią dąbrowę, dziś dwustuletnią. Objechałem Europę i spędziłem dłuższy czas w krajach zamorskich. Mój naukowy bagaż jest pokaźny, prawie tak trudny do udźwignięcia jak moja egzystencja. Dzisiaj marzę tylko o spoczynku. Niestety, czy znajdę go kiedykolwiek? Współczuj mi, o Pani, bo bardzo możliwe, że jestem nieśmiertelny...

Wymawiając to ostatnie słowo biedaczek opadł na poduszki. Kobieta podbiegła, by pochylić się nad kołyską... Dziecko przestało żyć.

A oto inna historyjka, którą słyszałem od siostry mojego dziadka. Pewien lokaj, nabywszy w wojsku nieco wyobrażenia o chirurgii, był jakby lekarzem całej rodziny i sypiał nie w zabudowaniach dla służby, ale w pokoiku przylegającym do komnaty mego pradziada, Nosiciela Miecza, starego Pana, chorego na podagrę. Łobuz, który zaledwie przekroczył trzydziestkę, był odwiedzany każdej nocy przez niewidzialną i nieuchwytną Łaumę, której wizyty, bardzo przyjemne na początku tego stosunku, po długim czasie wywarły zły wpływ na zdrowie dawnego sanitariusza. Zwierzył się z tego mojemu pradziadowi, który poszedł do swojej biblioteki zasięgnąć informacji w wielkiej niemieckiej księdze, poświęconej takim sprawom. Znalazł w niej następujący przepis, który niezwłocznie przekazał swojemu zbyt szczęśliwemu słudze: ,,Jeżeli przypadkiem nie masz szczęścia i obudzisz pociąg płciowy w jednym z tych płochych duchów, które zadając kłam maksymie *omne vivum ex ovo* rodzą się z bańki wody i promienia planety Jupiter, zaznaczysz w kalendarzu dzień i godzinę pierwszego spotkania, zapisując w nim te słowa: *nigro notanda lapillo.* I dodasz w umyśle: *post equitem sedet atra cura.* Następnie weźmiesz siekierę, udasz się do dąbrowy i zetniesz tam młode drzewo, a z końca jego największej gałęzi wytniesz kawałek drewna, którym posłużysz się, żeby zatkać dziurę, przez którą Łauma wchodzi do twojej alkowy. Następnie weźmiesz trzy razy po dziewięć kawałków żelaza i wykonasz młotek, który nasmarujesz szczynami osła i śliną ślimaka, zdjętego w czasie jesiennego zrównania dnia z nocą ze starej pustej purchawki. Wspomnianym młotkiem wbijesz klin w podejrzany otwór (zważ, że postępujemy podobnie), aż wyrwie się z niej skryty jęk''. Sługa, pilnowany dokładnie przez starego szlachcica, który bawił się świetnie tą przygodą, postąpił dosłownie w myśl instrukcji. Kiedy poczuł Łaumę przy sobie, pobiegł zatkać dziurę, po czym wrócił na posłanie. Następnego dnia, otwierając oczy, wydał okrzyk zdziwienia i podziwu, ujrzał bowiem nadnaturalną piękność swojej kochanki. Ta zaś obudziła się i pod nosem Nosiciela Miecza, który przybiegł usłyszawszy hałas, zniknęła w otworze zamka. Uczony niemiecki demonolog, który przez pięćdziesiąt lat pracy specjalizował się w sztuce chwytania Łaum z sąsiedniej krainy, pomyślał o wszystkim z wyjątkiem tego przecież elementarnego środka ostrożności. Mój przodek nigdy mu tego nie darował.

Biedna wdowa spędziła cały dzień na polu. Jakże przeraziła się o zmierzchu, wracając z pola do domu, kiedy spostrzegła, że zapomniała o swojej malutkiej córeczce, zawieszonej na gałęzi brzozy w kołysce z kory. Chata była tuż tuż, ale samotna i pusta, a pole zostało bardzo daleko. Zbyt bojaźliwa, aby powrócić na pole – a nie miała nikogo, kogo mogłaby tam posłać – nieszczęsna oddaje się rozpaczy i spędza całą noc przy otwartym oknie, czekając na przyjście dnia. Po kilku godzinach udręki słyszy nagle z pobliskiego lasku w świetle księżyca taką piosenkę:

Do-re-mi-fa-sol,
Śpij kruszyno, dzieciątko
Zapomniana, samiutka
Kołysana wiatrem
Do-re-mi-fa-sol,
Śpij pod jedwabiem
I złotem, moje dzieciątko

O świcie matka biegnie na pole i... znajduje dziecko w drewnianej kołysce, owinięte od stóp do głów w sztukę pięknego jedwabiu koloru słońca, przybrane malutką złotą kolią, imitującą pewien rodzaj leśnych jagód, które bardzo lubią wiejskie łobuzy. Wieść o przygodzie rozeszła się i inna matka również zapragnęła zaskarbić dla swojego dziecka łaski Łaum. Zostawiła biedną istotę w wieczornej rosie i powróciwszy do domu wysunęła głowę przez okno, aby usłyszeć sybilliczną piosenkę:

Sol-la-si
Kto tu śpi?
Dziecko
Na łące
W macierzance
Zapomniane
Celowo
Stąd – żale
Sol-la-si

Kiedy chytra kobieta wróciła rano na łąkę, znalazła na niej tylko stary koszyk z łozy, wypełniony kośćmi dziecka. Natura, która jest czuła, ale i podstępna, niczego bardziej nie lubi niż niezgodnych z jej prawdziwym charakterem sztuczek człowieka...

W pewnej wiosce na Żmudzi czternastoletnia dziewczynka straciła w tym samym roku ojca i matkę. Biedaczka zalewała się łzami i nikomu nie udawało się jej pocieszyć. Pewnego wieczora przyszły do niej dwie piękne Łaumy i powiedziały jej:

– Nie płacz, mała sieroto, nie jesteś już sama na świecie, pragniemy być twoimi starszymi siostrami, jesteśmy bogate i nie będziesz musiała ani prząść, ani tkać.

Te słodkie słowa złagodziły nieco ból dziecka i przywróciły mu trochę radości życia. Dwa lub trzy dni po wizycie dziewczynka znalazła w kącie swojego pokoiku rozrzucone w nieładzie piękne sztuki pościeli, płótna, aksamitu i jedwabiu. Na bielonej wapnem ścianie Łaumy napisały węglem: „Zabrania się mierzyć materiały łokciem". Bogactwa napłynęły tak obficie i tak prędko, że mała protegowana Łaum nie wiedziała wkrótce, gdzie ma spojrzeć i aby się ich pozbyć, postanowiła wysłać je na targ. Wzięła łokieć i dużą część nocy spędziła na mierzeniu... Następnego dnia znalazła u wezgłowia sakiewkę ze skromnym posagiem, ale wszystkie piękne materiały rozwiały się jak sen.

I na koniec, aby was pocieszyć po tych raczej nieprzyjemnych historyjkach, małe opowiadanie, które bardzo mnie śmieszyło w dzieciństwie. Niestety! Przeczytałem je znowu... ale to nieważne, posłuchajcie:

Spóźniony podróżny puka do drzwi chatki.

– Wejdźcie – słyszy odpowiedź.

Wchodzi i dostrzega starca siedzącego przy kołysce.

– Witajcie – mówi starzec – tylko proszę was, byście nie robili hałasu, bo niemowlę śpi.

– Wcale nie śpię, dziadku– odpowiada cienki i wątły głosik zza zasłony– starałem się przypomnieć sobie datę tej bitwy, w której zwyciężyliśmy niesławnej pamięci zakon krzyżacki.

Przerażony podróżny mówi na ucho dziadkowi:

– Na miłość boską, w jakim wieku jest wasz berbeć?

– Niestety, ma zaledwie sześć miesięcy. – A potem szeptem: – Maczała w tym palce Łauma. Popytajcie go trochę, ponieważ się obudził.

Podróżny zwraca się do dziecka:

– Dobry wieczór, mały przyjacielu. Gdzie podział się twój ojczulek?

– Wyszedł, by z małego zrobić duże.

– A gdzie twoja mateczka?

– Piecze chleb już zjedzony.

– A gdzie twoja siostrzyczka?

– Trzyma się za boki z powodu żartu z zeszłego roku.

Podróżny z rozdziawionymi ustami na różne sposoby zaczął sobie tłumaczyć tajemnicze odpowiedzi. Wreszcie wykrzyknął:

– No nie, poddaję się. Cóż, do diabła, znaczą te zagadki?

– Ha, ha! – wybuchnęło śmiechem niemowlę. – Zbliżcie się troszkę, to zobaczycie, jakie to łatwe. Mój ojciec poszedł posiać ziarno na polu; doczekajmy jesieni i z małego będzie duże. Co do matki – pożyczała ciągle chleb, którego nie oddawała; teraz piecze go mnóstwo, ale cały wezmą dłużnicy. Jeśli chodzi o moją siostrę, to trzeba ją było widzieć w zeszłym roku, równo dziewięć miesięcy temu, ha, ha! Wzdychała i mizdrzyła się, przeglądała w lustrze, głupia biedaczka! Teraz podtrzymuje brzuch, jęczy i wkrótce na świecie będzie o jednego nieszczęśliwego bękarta więcej... Mam nadzieję, że zrozumieliście?

– Co się tyczy zrozumienia, zrozumiałem – odpowiedział podróżny – ale, niech mnie kule biją!, nigdy nie słyszałem czegoś podobnego...

– Ach, mój dobry panie – westchnęło niemowlę – na świecie jest dużo inteligentnych dzieci; to rodzice nie rozumieją, rozumie pan? Ach, ci rodzice, ci rodzice! Gdybym mógł wstać, opowiedziałbym panu jeszcze wiele innych historyjek... Ale cóż, jestem biednym, chorym dzieckiem.

I zanim malec położył się na poduszkach, zanucił cichym i smutnym głosikiem, smutnym i odległym, bardzo odległym:

O mamo, mamo, wolałbym być głupiutki,
Byłbym bardziej twym synem i mniej bolałaby mnie główka.

DWUNASTU WŁÓCZĘGÓW I NIEJAKI JAN

Pewnego razu był sobie biedny młodzieniec, który pracował u gospodarza i każdego roku na św. Jana, święto swojego patrona, dostawał razowy chleb oraz trzy grosze. Przy końcu trzeciego roku, znużony wypruwaniem sobie żył za tak małą zapłatę, skłonił się czapką staremu sknerze, wziął sakwę i ruszył przez pola, lasy.

Pewnego ranka przy wejściu do miasteczka spotyka żebraka, który nadstawia miseczkę. Rzuca do niej trzy monety i daje biedakowi jeden z trzech wysuszonych chlebów, które trzymał pod pachą. Nieco dalej inny żebrak, który przysiadł na stopniach kościoła, mówi mu, że chętnie zjadłby coś. Tak jak poprzednik dostaje trzy grosze i chleb. I w końcu, przechodząc przez drewniany most, na którym przedstawiono stacje Męki Pańskiej, podróżny pozbywa się resztek pieniędzy i chleba, kładąc je na misce starego pudla, który prosił o jałmużnę dla swego ślepego pana, służąc przed litościwymi ludźmi.

Uwolniony od całego majątku ziemskiego Janek-nędza szedł dalej wesoło drogą, przyciągając zalotne spojrzenia dziewcząt, był bowiem schludny, dobrze zbudowany, a na jego twarzy, okolonej pięknymi jasnymi włosami, odbijała się łagodność charakteru i spokój sumienia. Odpowiadał na te zaloty spojrzeniem, które było skierowane raczej do ich wnętrza niż do przemijających wdzięków, w jakie przybrała je Pani Natura. Tracąc w taki sposób czas, doszedł do ciemnych rozstajów dróg i nagle stanął twarzą w twarz wobec dwunastu żebraków naraz. Zawstydzony bardzo, że nie ma nic w sakwie, przybrał najśmielszą minę i przeszedł obok nich. Ale jeden z żebraków oderwał się od dziwnej grupki i ruszył za nim. Po dwudziestu krokach inny, zręczniejszy, zastąpił mu drogę, karcąc go tymi słowy:

– Co cię ugryzło, że zmykasz, jakbyśmy wyglądali na parszywych lub zadżumionych?

– Przykro mi – odpowiedział Jan – przykro mi, moi przyjaciele, to dlatego że nie mogę wam nic ofiarować, nic oprócz życzenia płynącego z głębi mojego serca.

Inni żebracy wkrótce przyłączyli się do nich i ten, który wyglądał na herszta bandy, odezwał się do młodzieńca:

– Naprawdę, zaręczam ci, nie chcemy od ciebie nic; natomiast pragnęlibyśmy ofiarować ci mały prezent. Śmiało, powiedz nam szybko, co sprawiłoby ci przyjemność?

Mówiący włóczęga miał na ramieniu wielki skórzany wór i opierał się na sękatym kiju. Jeden z jego towarzyszy szepnął Janowi do ucha:

– Poproś o Niebo, bo mówi do ciebie Jezus Chrystus.

Ale młodzieniec zastanowił się przez chwilę i powiedział:

– Przydałby mi się taki wór, ponieważ można by w nim, idę o zakład, zmieścić cały Wszechświat.

Nasz Pan podaje mu żądany przedmiot:

– Kiedy będziesz chciał włożyć coś do niego, wystarczy, że powiesz: „Do wora! do wora!" i każda rzecz sama do niego wskoczy. Ale czy ten podarek cię zadowala?

– Oczywiście. Wór jest bardzo ładny, ale przydałby mi się także twój kij.

Jezus Chrystus oddaje mu od razu swój kij:

– Kiedy będziesz musiał wychłostać jakiegoś hipokrytę, kupca w świątyni, rozkażesz po prostu: „Dalej, dobry sękaczu" i zobaczysz – ha, ha! czy laska pasterza została dobrze wytresowana.

Jan podziękował synowi Marii i chciał się oddalić.

– Poczekaj jeszcze, moje dziecko – zatrzymał go Pan – czy na pewno nie chcesz mnie o nic prosić? Zastanów się trochę.

I znowu jeden z apostołów szepce młodzieńcowi:

– Proś o Niebo, lekkoduchu, proś o Niebo!

Ale Jan, zastanawiając się w duchu, mówi sobie: „niebo zyskam kiedyś, jeśli na nie zasłużę, obecnie jestem na ziemi". Następnie zwrócił się do Zbawiciela:

– Wór i kij napełniają mnie radością, ale fajka tego towarzysza uszczęśliwiłaby mnie najbardziej.

Palacz wyjmuje z ust wielką fajkę:

– Bierz ją, ale, czego byś nie robił, nigdy nie wypalisz jej do końca.

Zachwycony Jan poleca się modlitwom całej bandy i oddala żwawym krokiem. O zmierzchu dochodzi do zagrody i prosi o schronienie na noc. Cała rodzina zaczyna zawodzić:

– Prosimy bardzo, ale dom jest nawiedzany i każdego wieczoru sami go opuszczamy, idziemy spać gdzie indziej.

– Diabły i upiory znają mnie – odpowiedział nasz podróżny – idźcie, jeśli wam to serce dyktuje, ale mnie pozwólcie tu zostać do jutra.

Kiedy cały dom był zupełnie pusty, Jan położył wór pod poduszką, kij w nogach łóżka i spokojnie zapalił fajkę. Zaledwie pociągnął fajkę, cała izba zapełniła się Diabłami, spieszącymi do alkowy. Najstarszy z intruzów rozkazał młodzieńcowi, by wyniósł się natychmiast.

– To niemożliwe, zanim nie wypalę fajki do końca – powiedział Jan.

Demon odpowiada:

– Daj mi, skończę ją prędzej niż ty.

I chwytając fajkę, zaczął ciągnąć tak gęste kłęby dymu i rozżarzać tak czerwone iskry, że jego koledzy, od dawna przecież przyzwyczajeni do sarabandy smoły i płomieni, otwierali ze zdumienia oczy, klnąc na trzynaście rogów i sto tysięcy łusek ich króla Lucypera. Ale próżne były wszystkie wysiłki najstarszego Diabła, ilość tytoniu w tym piecu nie zmniejszyła się ani o uncję. Rozgniewany Stary Diabeł rzuca fajkę pod łóżko i krzyczy:

– Wynoś się stąd, rajskie nasienie, na dwór!

Ale Jan wypowiedział sakramentalne słowa: ,,Do wora! do wora!" i dodał do nich własne słowa: ,,Tyle jest warta ich treść, tyle są warte rzeczy, istoty i nauki". Powiedział to i wór z trzydziestoma sześcioma milionami Diabłów zamknął się.

O świcie gospodarz, za którym w pewnej odległości szła rodzina i służba, skierował się w stronę domu i chwytając za klamkę, powiedział do siebie: „Kto wie, może już biedak nie żyje". Otwiera drzwi, ale Jan, który oczekiwał nowego ataku rogatego wojska, krzyczy:

– Do wora! do wora!

I oto gospodarz wyrzucony niewidzialną katapultą uderza głową w siedzenie piekielnego konetabla. Wkrótce wszyscy mieszkańcy domu, którzy tak bardzo bali się duchów zła, dostali się do wora. Biedni głupcy z pewnymi trudnościami przekonali naszego Janka, że się omylił. Uwolnił ich w końcu, zalecając im jednak, aby na przyszłość więcej ufali opiece Boga i jego aniołów. Co do Diabłów, to Jan zarzucił wór na plecy i zaniósł go aż do sąsiedniej kuźni. Tam, uzbroiwszy się w młot (ponieważ kij Naszego Pana nie wydawał mu się dosyć mocny), uzbroiwszy się, powtarzam, w młot i rzucając wór na kowadło, z którego obecnie wydobywał się przeraźliwy smród całej głupoty, niedowiarstwa i okrucieństwa tego świata, zaczął uderzać, ach, na litość boską!, uderzać z takim zapałem, że po czwartym czy piątym uderzeniu Diabły przyrzekły mu wszystko, czego chciał, a zwłaszcza że zostawią w spokoju umysły zajęte poszukiwaniem ukrytego znaczenia pewnych faktów i słów. W rewanżu poprosiły go o pozwolenie zabrania do podziemnej siedziby wisielca, kołyszącego się na szubienicy przy sąsiednich rozstajach.

Wkrótce po tym wyczynie biedny Jan wydał ostatnie tchnienie i poszedł zastukać do bramy Nieba. Święty Piotr otworzył ją ostrożnie, długo spoglądał na podróżnego, rozpoznał go wreszcie i rzekł:

– Ha, ha, jesteś tu! Nie chciałeś mnie słuchać, kiedy szeptałem ci na ucho, żebyś prosił Naszego Pana o Niebo! Dzisiaj chcesz je otrzymać ode mnie. Idź, zobacz, czy pada. Znam cię: długo zastanawiałeś się w duchu nad moimi słowami, ale miały one tylko jeden sens, sens, jaki nadałem tym słowom dla wszystkich uczciwych ludzi.

– Dosyć – krzyknął Jan – dosyć! Na cierpliwość, jak i na wszystko istnieje tylko jedna chwila, jedna chwila i połowa chwili. Do wora! do wora!

Hop, i Święty Piotr znalazł się w worze. Nasz podróżny idzie dalej, spotyka wreszcie Boga Ojca, kładzie swój ciężar i pada na twarz.

– Czy nie widziałeś przypadkiem Świętego Piotra? – pyta Bóg. – Szukam go już całą wieczność.

– Święty Piotr, o mój Stwórco, mój Boże, moje Wszystko! Święty Piotr? Ależ jest tutaj, w moim worze i bada jego wnętrze.

– Wnętrze – odpowiedział Bóg Ojciec – wnętrze! Dość tej zabawy! Czyżby, daję słowo, nikt go nie znał oprócz ciebie i takich jak ty? Zasługujesz... ale mimo wszystko witaj. Być może uda mi się przekonać cię, że w słowie, prostym słowie, rozumiesz, zawarte jest już całe wasze „wnętrze" i reszta, i jeszcze dużo innych rzeczy. A Świętego Piotra uwolnisz natychmiast... Co? Ach tak, wiem, gada i gada... Ale co zrobilibyśmy, gdyby nie pilnował bramy? Zwaliliby się wszyscy ziemscy nicponie i mędrki... Nie mówiąc o głupcach – dodał z głębokim westchnieniem Pan.

TOMCIO PALUSZEK

Pewien mężczyzna i pewna kobieta, będący wiele lat po ślubie, skarżyli się, że nie mają dziecka. Pewnego wieczora do ich drzwi zapukała stara żebraczka.

– Czy nie znasz przypadkiem dobrego sposobu, żeby zostać matką? – zapytała kobieta, dając jej grosik.

– Oczywiście, że znam – odpowiedziała stara z prawie obrażoną miną. – Potrzebujecie chłopca czy dziewczynki?

– Chłopca.

– To trudniejsze, niż gdyby to miała być dziewczynka, ale oto przepis: Utniesz sobie wielki palec – oczywiście z lewej ręki – następnie o północy rzucisz go za piec, mówiąc trzy razy z rzędu: malutki, malutki, będziesz filutem! Ale, żeby w domu nie było rabarbaru. Jeżeli zrobisz wszystko, o czym mówię, to na pewno będziecie ucztować, zanim minie dziewięć miesięcy.

Tegoż wieczora kobieta odcięła sobie palec; ręka zagoiła się natychmiast.

Kilka miesięcy później, kiedy przygotowywała kapustę w cieście na obiad dla swego męża, który pracował w polu, cienki, śmieszny głosik odezwał się jakby z dziury w podłodze:

– Dzień dobry, Pani Matko. Mam wielki zaszczyt pozdrowić was.

Kobiecie krew uderzyła do głowy. Spogląda na prawo, spogląda na lewo i wreszcie przy nodze stołka dostrzega malutkiego, starannie ubranego pana wielkości palca, który składa jej ukłon.

– Uspokój się, moja droga mamusiu, to ja, wasz syn, Pan Paluszek. – Następnie zapytał ze szczerym uśmiechem pękniętej rzodkiewki: – Co tu robicie, moja mateczko?

– Przygotowuję kapustę w cieście dla twojego tatusia. Jest już gotowa, biegnę mu ją zanieść.

– Oszczędźcie sobie tej fatygi, o Pani – powiedział grzeczny Paluszek i wśliznąwszy się pod wielki garnek, podniósł go jak piórko i pobiegł do swojego ojca truchtem szczura.

Kiedy biedny tatuś dostrzegł garnek, który wyglądał, jakby się poruszał sam, miał wielką ochotę wziąć nogi za pas. Nasz człowieczek zauważył to, prędko postawił swój ciężar w pewnej odległości od ojca i zbliżając się do niego z kapeluszem w ręku, z drugą ręką na biodrze, powiedział:

– Pozwoli Pan, że się przedstawię. Jestem waszym zbyt długo oczekiwanym i bardzo oddanym synem. Zechciejcie, proszę, unieść mnie na dłoni i pozwolić mi, żebym uszczypał was w koniuszek nosa.

Zaskoczony i oczarowany tatuś nie wierzył ani oczom, ani uszom.

– A teraz byłoby dobrze, gdybyście powiedzieli słowo lub dwa tej znakomitej kapuście w cieście, dopóki jest ciepła. W czasie, gdy będziecie obiadować, ja zajmę się orką.

W ciągu jednej chwili pochwycił ogon jednego z wołów i przebiegł odległość, jaka dzieliła go od rogów.

Nasz bohater jest już w uchu zwierzęcia i krzyczy na całe gardło:

– Dalej, piękny flamandczyku!

Lemiesz jęczy, otwiera się bruzda, skiby fruwają, całe pole wygląda jak wrząca woda!

Pewien bogaty szlachcic, który przejeżdżał tamtędy wraz ze swoją świtą, był nieco zdziwiony, gdy ujrzał same woły, orzące tak żwawo. Kazał zatrzymać karetę:

– Przyjacielu, czy mam przywidzenia, czy też wasze zwierzęta oszalały?

– Na Boga, nie, Wielmożny Panie, prowadzone są po prostu ręką mistrza.

– Ale przez kogo, na Boga!

– Przez kogo? Ależ przez mojego syna.

Szlachcic podniósł już rękę, aby się przeżegnać, kiedy spostrzegł Tomcia Paluszka, który szybko jak błyskawica opuścił swoje schronienie i usadowił się na jego kapeluszu. Tam zaś stojąc w cieniu piór, zziajany i wycierając sobie twarz, wykrzyknął z oczyma zwróconymi ku niebu:

– Jak słodki jest odpoczynek po pracy! Jakie piękne jest życie!

Oczarowany Pan zdjął kapelusz i długo patrzył na karzełka, który uśmiechał się do niego puszczając oko. Starczyło mu jednak głosu, aby poprosić chłopa o sprzedanie syna. Biedny wieśniak udawał początkowo głuchego, ale w końcu ustąpił, ponieważ figlarz namawiał go ze swej strony:

– Sprzedajcie mnie, ojczulku, wrócicie do domu z kapeluszem pełnym złota. – I dodał szeptem, puszczając do niego oko: – A zresztą niedługo się znowu zobaczymy.

Jaśniepan, nie posiadając się z radości, rozkazał swoim ludziom, by towarzyszyli Panu Tomciowi Paluszkowi do karety. Tomcio zajął w niej miejsce obok szlachcica. Wkrótce dotarli do zamku, gdzie pojawienie się młodego Pana wywołało wielkie wrażenie.

Ale szczęście przybranego ojca trwało krótko. Jego dziwaczny pieszczoszek uciekł pewnego dnia, skrył się w wiązce słomy i został połknięty przez krowę. Jednakże nasz filut nie był kimś, kto kłopocze się z tak błahego powodu. Gdy tylko usłyszał zbliżające się dojarki, zaczął krzyczeć:

– Zabijcie ją, zabijcie ją! Niedługo się ocieli, a w brzuchu ma Diabła!

Przerażone dziewczęta biegną do zagrody. Sprowadzają znachora. Opętana krowa zostaje zabita, oprawiona, a jej wnętrzności, będące schronieniem złego, zostają natychmiast wyniesione daleko i położone na skraju lasu.

Kiedy po dłuższym błądzeniu w dziwnym labiryncie Pan Tomcio Paluszek dostrzegł wreszcie na końcu długiego korytarza światło dnia, na nowo zanurzył się w ciemnościach, albowiem wnętrzności krowy dostały się do wnętrzności wilka, który je połknął. Owe kolejne pogrzeby niewątpliwie zasiałyby niepokój w najbardziej nieustraszonej duszy. Jakie jednak było zdumienie naszego wilka, kiedy usłyszał, że z głębi jego istoty i z jego własnych ust wydobyły się te zagadkowe słowa:

– Mądry upada niekiedy pod brzemieniem niepowodzeń, ale głupi ociera się o szczęście i omija je nie poświęcając mu ani spojrzenia. U stóp wzgórza, oświetlonego ostatnimi blaskami dnia, wzgórza, na którego szczycie znajduje się wiejska kapliczka, stoi dom skromny z wyglądu, ale o spiżarniach cieszących się na dziesięć mil dokoła sławą, której nigdy nie potrafiły zaćmić zazdrosne plotki. Mieszkańcy domu wyjechali, a duch, który mówi przez twoją paszczę, będzie dla ciebie przewodnikiem, ponieważ za swojego życia był świętym wężem tego gniazda rodzinnego.

Zanim nieprzyjaciel pasterzy zwęszył spiżarnię, zamieszkujący w nim proroczy duch objawił się na nowo:

– Ojczulku, mateczko, wilk w kuchni! -- zawołał Tomcio Paluch.

Przybiegają rodzice małego Tomcia Paluszka, wilk kona pod ciosami wideł i nasz bohater wychodzi z jego otwartego brzucha, wyglądając tak świeżo i żwawo, jak Jonasz, gdy opuścił brzuch wieloryba.

Gospodarz Jacek, człowiek rozumny, chociaż z natury nieco nieśmiały, nauczył się języka zwierząt, ale pod karą śmierci musiał przyrzec temu, kogo nie należy wymieniać, że nigdy nie zdradzi swojego sekretu. Pewnego wieczoru, gdy wypoczywał po pracy na skraju łąki, na której był przywiązany wół, zauważył swojego sługę, prowadzącego osła do zagrody. Podczas gdy dwaj ludzie zamienili parę zdań, osioł przystanął, aby odpocząć i popaść się chwilę przy wielkim rogatym bracie.

– Przeklęta niech będzie codzienna praca – westchnął – głupi wynalazek! Starzeję się i, na Boga, nie moja w tym wina.

Wół nie podnosząc głowy dał mu taką radę:

– Na waszym miejscu, kolego, udałbym chorego i odmówił wszelkiego pożywienia. Nasz Pan będzie musiał zostawić was w spokoju.

Rada spodobała się bardzo osłu, a nieco mniej gospodarzowi. Następnego dnia sługa puka do jego drzwi i zawiadamia go, że osioł zachorował.

– Dobrze, nasz wół wykona dzisiaj pracę osła – powiedział gospodarz.

O zmierzchu Pan Jacek i wszyscy domownicy idą posilić się na tej samej łące. Tym razem gospodarz dostrzega na niej osła z uszami położonymi po sobie, z nieruchomymi żuchwami, który zauważył go i ciężko westchnął. – Figa – pomyślał szczwany lis – wkrótce skończą się te wszystkie sztuczki. Wiemy to, co wiemy. Cicho sza". Po chwili, wystarczającej na przełknięcie kęsa, z pracy powraca zgrzany i zziajany wół. I nie trzeba wcale umieć czytać w księgach, by zauważyć, że dzień nie przebiegał po jego myśli.

– Bracie Długouchy – mówi zatrzymując się przed swoim wspólnikiem – sądzę, że byłoby lepiej, gdybyście zaprzestali waszej gierki i wrócili do pracy, ponieważ usłyszałem, że Pan postanowił posłać was na tamten świat i kupić zdrowego i pracowitego osła.

Usłyszawszy to gospodarz wybucha głośnym śmiechem. Wszyscy spoglądają na niego z zaskoczeniem, a po chwili Matka Urszula, jego żona, pyta go, co się stało, że tak się śmieje. Gospodarz odpowiada jej, że to dotyczy tylko jego.

Od tej chwili życie w zagrodzie stało się prawdziwym piekłem, gdyż Matka Urszula nie przestawała żądać, żeby mąż wyjaśnił jej powód swojej wesołości. Ale Pan Jacek nie mógł tego zrobić bez narażenia się na niełaskę i śmierć, tak że podczas najsilniejszych burz domowych zamykał się w ponurym milczeniu, które jego żona uważała za najbardziej obraźliwy upór, a najmniej złośliwi sąsiedzi za niezbity dowód początku niedołęstwa.

Ponieważ sprawy toczyły się coraz gorzej, nasz gospodarz, który mimo wszystko był bardzo przywiązany do swojej żony, nie odkrył jej samej tajemnicy, ale niebezpieczeństwo, które zmuszało go do milczenia. Wydawało się, że Pani Urszula wzruszyła się z tego powodu, ale, niestety, wkrótce potem w jej umyśle ciekawość ponownie zdobyła miejsce, które chwilowo ustąpiła zaskoczeniu i obawie. Ze względu na to, że kłótnie powtarzały się coraz częściej, Ojciec Jacek, zmęczony tą wojną, pewnego dnia polecił swoją duszę Bogu i poszedł w stronę podwórka, skąd dochodził wrzaskliwy głos jego godnej połowicy. Zdecydowany był powiedzieć o wszystkim swojej megierze. Kiedy zbliżał się do kurnika, jego ulubiony kogut, dostrzegłszy go, pozdrowił swego pana okrzykami, które zwykle wydawał przy takich spotkaniach. Ale pies podwórzowy, który przybiegł z brzuchem przy ziemi i z nosem zmarszczonym ze strachu, skarcił krzykacza tymi słowami:

– Ty łobuzie, czy nie widzisz, że nasz Pan jest zmartwiony i przygotowuje się, aby opuścić nas na zawsze?

Kogut odpowiedział mu najbardziej wyniosłym tonem:

– Wszystko to banialuki! Pan Jacek powinien po prostu wziąć żonę w karby. Ma szczęście, że ma tylko jedną! Co by powiedział, na bogów, gdyby był na moim miejscu? Mam siedemdziesiąt siedem żon, tak, siedemdziesiąt siedem. Zapraszam cię, żebyś przyszedł zobaczyć porządek i dyscyplinę, jakie panują w moim państwie. Jedno słowo pana wystarcza. Prawda, że nasze żony są bardziej uległe, bo mają mimo wszystko trochę rozsądku. Tam jednak, gdzie słowo zawodzi, dobry jest kij. – Było to dla gospodarza nagłe olśnienie. Rzecz jasna, poszedł do swej żony, ale z zupełnie innymi zamiarami niż przedtem. Pod pretekstem ostrożności, jakiej wymaga tak wielka tajemnica, zamknął się z nią na strychu i tam, na litość boską!, poczęstował ją jedną z tych chłost, które ułatwiają zrozumienie najbardziej ograniczonym móżdżkom i powodują, że najbardziej zatwardziałe serca stają się miłosierne. I, rzecz godna podziwu, Pani Urszula była zachwycona z tego powodu. Opuściła strych z promienną twarzą i w łagodnym nastroju, co uradowało wszystkich mieszkańców gospodarstwa, niezależnie od liczby łap, którymi posługiwali się przy chodzeniu. Dni dwojga małżonków potoczyły się w całkowitej szczęśliwości. Tylko od czasu do czasu, gdy do ich uszu dochodziło pianie koguta i gdy Pan Jacek wybuchał głośnym śmiechem, Pani Urszula zdradzała pewne zaniepokojenie. Wtedy jednak wystarczało, aby jej mąż zrobił uprzejmą aluzję do przygody na strychu, aby rozwiać najmniejszą chmurkę i aby na nowo zapanowała pogoda.

MŁODY KSIĄŻĘ I JEGO SIEDMIU NAUCZYCIELI

Pewnego razu był sobie Król potężnej postury, dumny i popędliwy, który miał dużo pieniędzy. Widzicie już, że zdarzenia, które nastąpią, nie działy się ani wczoraj, ani w zeszłym tygodniu. Żona jego umarła i zostawiła mu małego syna, którego pragnęła wychować z dala od intryg i bezeceństw Dworu. Zgodnie z tym życzeniem młodego księcia powierzono siedmiu braciom, którzy mieli go nauczyć wszystkiego, co dzieje się na ziemi i w gwiazdach. Po sześciu latach nauki nowa Królowa (Król ożenił się powtórnie) zapragnęła poznać swojego pasierba. Uszczęśliwiony pasierb przygotował się do podróży, ale kiedy podniósł oczy ku niebu, dostrzegł tam krzew winorośli, której koniec był zjedzony przez wielkie robaki.

– Czy widzicie tam wysoko między Orionem i Betelgezą ten dziwny znak? – zapytał braci. – Czy nie wskazuje on na to, że trzy dni po przybyciu do pałacu będę powieszony?

Siedmiu nauczycieli potwierdziło jego interpretację. Przejęci niewypowiedzianą trwogą zamknęli się w obserwatorium, aby się zastanowić nad podjęciem decyzji. Po nie kończących się dyskusjach polecili swemu uczniowi pościć siedem dni. Po tym okresie abstynencji zastosowali czary i spowodowali, że stał się całkowicie niemy. Wkrótce potem sam Król przybył po syna. Kiedy dowiedział się o chorobie, która go dotknęła, był bardzo niezadowolony. Mimo to zabrał młodego Księcia, aby przedstawić go na Dworze. Gdy tylko Królowa zobaczyła młodzieńca, zakochała się w nim bez pamięci i wsunęła mu do ręki bardzo gorący liścik. Mimo że uczeń magów nie uzyskał najwyższego wtajemniczenia, postępował ściśle według zaleceń opiekunów, podziwiając w nich przede wszystkim to, co miało związek z czystością, cudownym źródłem duchowej płodności. Odniósł się zatem do macochy, której nie brakowało przecież powabów, tak ozięble, że nie było tu żadnych wątpliwości. Macocha zasmuciła się nieco, ale przede wszystkim powzięła do księcia żywą urazę, która popchnęła ją do złośliwej krańcowości. Przybrawszy pozory znieważonej cnoty, pobiegła do małżonka i zarzuciła mu, że wprowadził do pałacu młodego świętoszka, który pod maską przesadnej wstydliwości ukrywa prawdziwe skłonności pawiana.

– Czyż nie posunął się tak daleko, że mnie, jego macosze i Królowej, poczynił niegodne propozycje, którym towarzyszyła mimika bardziej pasująca do psiarni lub domu dla wariatów niż do pałacu?

Początkowo Król był bardzo zaskoczony, ale zła macocha powtórzyła opowiadanie o zniewadze z tak zręcznie udanym oburzeniem i z tak wieloma drażliwymi szczegółami, że biedny stary mąż, z natury bardzo zazdrosny i szalenie zakochany w młodej megierze, omal nie umarł na miejscu wskutek uderzenia krwi do głowy. Opieka, jaką zapewniło mu dziesięciu wezwanych natychmiast lekarzy i pięćdziesięciu szambelanów oraz służących, spowodowała, że popadł w drugą skrajność. Wyrwawszy się zaledwie śmierci dał zdumiewający dowód swojej żywotności, rzucając po komnacie berłem, koroną i przedmiotami, które miały nieszczęście znaleźć się w zasięgu jego wzroku.

– Powieście natychmiast Jego Królewską Wysokość, mego syna, Następcę Tronu – wykrzykiwał uroczyście ku wielkiemu przerażeniu Dworu.

Najmłodszy z siedmiu wychowawców, świadek tego wydarzenia, wpadł na szczęśliwy pomysł odwrócenia królewskiego gniewu, narażając się sam na jego ciosy:

– Nasz uczeń, młody Książę, jest wzorem wszystkich cnót! – krzyknął głosem, który ze strachu był bardzo piskliwy.

Król, obdarzony wielką siłą i tuszą, powalił go na ziemię, ale, gdy uderzył jego głową o podłogę, dzielny mag wykrztusił te godne słowa:

– Najjaśniejszy Panie, nie pora na to, aby wam przypominać to, co starożytni mędrcy i nasi arcykapłani z Krives powiedzieli o niebezpiecznych pomyłkach, których przyczyną była złość. Każ przyprowadzić dziedzica waszej korony. Nauczony przez bogów, których woli my, ludzie, jesteśmy jedynie pokornymi wykonawcami, opowie wam, jakich pomyłek, od czasu buntu Tytanów, była przyczyną zgubna namiętność.

Król, zaskoczony szlachetnością uczuć i przytomnością umysłu, jakiej dowody mag dawał w bardzo przykrych dla niego okolicznościach, wysłuchał go, potrząsając nim od czasu do czasu, jakby to był worek, który się naciska, by sprawdzić jego zawartość.

– Najjaśniejszy Panie, Książę miałby być pawianem? Powiedzcie raczej, że jest wtajemniczony przez Hestię – nie muszę jaśniej mówić, kiedy zwracam się do najmądrzejszego z władców i do najbardziej wykształconego Dworu. O, Najjaśniejszy Panie, byłoby niepowetowaną stratą dla waszego państwa, gdyby życie, tak obiecujące, zostało zniszczone w kwiecie wieku i gdyby tak piękny owoc Hesperyd miał uschnąć na bezlistnym drzewie szubienicy!

Ta ostatnia figura retoryczna wstrząsnęła głęboko Królem.

Już tylko jedną ręką potrząsał magiem, drugą, jako znawca podkreślał rytm jego słów.

– Pozwól mu dojrzeć, o wielki Królu, w świętych lasach, w których twój przodek spotkał niegdyś Nimfę...

– Nie rozumiem – przerwał władca nastawiając ucha. – Mój przodek?... Nimfa?...

– Ależ tak, Najjaśniejszy Panie, twój przodek Numa. Czy każdemu wysoko urodzonemu, szanującemu się Litwinowi nie leży na sercu związanie jego nazwiska z jakąś rodziną patrycjuszy w Rzymie? Twoje nazwisko, które jest zapisane w gwiazdach na niebie, oszczędzi ci tych długich i uczonych poszukiwań; dostarczymy ci najbardziej nieodpartych dowodów twojego sławnego pochodzenia...

– No, no – powiedział Król, który był bardzo próżny – dawno temu mój ojciec szepnął mi słówko, ale nazwisko było nieco inne... To było coś, co nasuwało myśl o pożarze...

– Oczywiście Rzymu, Najjaśniejszy Panie. Może Neron?

– Nie. Przypomniałem sobie, to był, wydaje mi się, Pompejusz lub coś podobnego.

– Pompiliusz, Najjaśniejszy Panie, Pompiliusz! Numa Pompiliusz! Widzisz więc, Królu, że miałem rację. Jakie uderzające potwierdzenie naszych niebiańskich objawień!

Popędliwy władca jak miód spijał teraz słowa z ust astrologa, który podniósł się z ziemi i poprawiał orficzny strój.

– Panowie, oszczędzimy Następcę Tronu...

Mag chwytał już rękę Króla, by ją ucałować...

– Oszczędzimy go... aż do jutra rana.

– Powieś go dzisiaj! – krzyczała Królowa. – Jutro nie będziesz pamiętał o niczym, znam cię.

– Będzie powieszony jutro o wschodzie słońca, o Pani – odpowiedział władca, całując wytwornie rękę swojej krzyczącej żony.

Przy pierwszych blaskach dnia Król w towarzystwie kata zapukał do drzwi swojego syna. Spotkał tam samego hierofanta, który unosząc w geście pozdrowienia mirtową koronę, jaką miał na głowie, powiedział do niego:

– Szlachetny Królu, zanim poświęcisz swojego Izaaka, pozwól mu powiedzieć siedem słów.

– Ależ on jest niemową! – krzyknął Król.

– Dzięki naszym gorącym modlitwom już nim nie jest.

– A dlaczego siedem, a nie sześć lub osiem? – zapytał władca.

– Sama natura, sama prawda przemówi przez jego usta – odparł Mistrz. Król udał, że rozumie i rozkazał synowi, by mówił. Ten zaś wypowiedział tych siedem tajemniczych słów:

– Dwanaście dam dworu to razem jedenaście dam.

– Ale przecież od czasu, kiedy w tym królestwie istnieje tradycja, czyli od wieku brązu, jest ich dwanaście. Zobaczmy, co oznacza to zamieszanie! Czy jest dwanaście, czy jedenaście, na Kaina w plamach księżycowych – i już twarz Króla stała się fioletowa ze złości.

– Pohamuj twą złość, o wielki Królu – odezwał się głuchym głosem najstarszy z braci. – Rozkaż dwunastu damom dworu wystąpić przed całym dworem i rozebrać się w naszej obecności.

Coraz bardziej zaskoczony Król posłuchał Arcykapłana, uważając bez wątpienia, że to przedstawienie jest z pewnością warte wieszania młokosa.

Dwanaście dam, zawiadomionych przez herolda o tym, czego się od nich oczekuje, uśmiechnęło się i zaczęło natychmiast, nie odczuwając najmniejszego wstydu, pokazywać pięciuset zgromadzonym panom to, co znali już od dawna, każdy z nich z osobna. Wszyscy jednak byli zaskoczeni niepokojem, który w miarę obnażania się opanował jedną z dam i Królową. Kiedy trzeba było opuścić ostatnią zasłonę, młoda skromnisia zbladła śmiertelnie i poprosiła głośno towarzyszki, by jej oszczędziły takiego wstydu, opierając się zachciankom Króla. Ale ten tonem, którym się wymawia tradycyjną formułę: „Kapelusz, panowie", powiedział proste zdanie: – Pani, koszula.

Głuchy pomruk przebiegł przez szlachetne zgromadzenie, gdy po pewnych niewątpliwych oznakach odkryto wśród dwunastu dam dworu, a było ich tylko jedenaście, młodego i pięknego grenadiera straży, którego uważano za dezertera. Zemdloną, niewierną Królową zaniesiono na szafot, Króla, którego poraziła apopleksja, do kostnicy, a młodego, wtajemniczonego Księcia do sali tronowej.

BARAN O JEDWABNYM RUNIE

Pewnego razu było trzech braci – dwóch frantów i jeden głupiec. W testamencie ojciec zapisał im wszystkie dobra. Dwaj filuci wzięli naturalnie to, co najlepsze, zostawiając głupcowi tylko młodego kota. Biedny Upeikis zachwycony podziałem, ponieważ bardzo lubił kota, włożył przyjaciela pod kurtkę, pożegnał braci i ruszył w pole.

Goniąc za wróblami, żeby im nasypać soli na ogon, nasz nicpoń znalazł się w kraju, w którym nigdy nie widziano kota. Zatrzymał się na noc u pewnego wieśniaka, który wpadł na złośliwy pomysł i zaniósł kotka do komórki (trzeba to teraz powiedzieć) i umieścił go razem z jagnięciem. Zobaczymy, co z tego wyniknie.

Kot należał do kotów potrafiących wyciągać kasztany z ognia. Węsząc i mrucząc w czterech kątach obory uknuł aferę, którą tutaj opiszemy. Jeszcze nie zaśpiewał skowronek, gdy gospodarz, który przyjął na noc naszego głupca, pobiegł do owczarni, aby zobaczyć, co robi w niej to sławne zwierzę, przybyłe bezpośrednio z Wysp Szczęśliwych. Tymczasem chytry kot, który spędził całą noc bawiąc się z dużym baranem (dalibóg w barani skok!), gdy usłyszał zgrzyt zamka, rzucił się w słomę, położył na plecach i udał nieżywego. Gospodarz zaczął złorzeczyć jak Diabeł i trzymając się za głowę pobiegł do gospodyni, gotów z rozpaczy wyrywać sobie włosy.

– Ten przeklęty baran znowu zrobił sztuczkę. Nie wystarcza mu, że w zeszłym tygodniu pobódł mnie w siedzenie, właśnie zabił... Ach, cóż zrobimy, moja biedna żono!

– Kogo zabił? Chyba nie wędrowca, mam nadzieję?

– Ha, gdyby to było tylko to! Ludzi jest za dużo na ziemi. I chociaż ten przybył z daleka, to jednak jest to złe ziarno. Ale to jego towarzysz, to zdumiewające zwierzę, które raz na sto lat spada z księżyca, i które nazwano... Przypomnij sobie, ty, która pracowałaś w zamku i potrafisz czytać w kucharskich książkach...

– Nie ma tam nazwy zwierzęcia, mój mężu, ale pozwól mi zastanowić się chwilę. K... już mam! Kot, jeśli dobrze pamiętam. Ach, na nieszczęście, to pewne, mój biedny mężu. Czym go zastąpić? Ale wybrniemy z tego. Chodź, odpowiadam za to. Nie na darmo dobry Bóg dał ci taką żonę jak ja. Idę przygotować królewską ucztę: zupę z dyni, kiszkę z olchy i inne dania. A kiedy naje się do syta, zaczniemy rozmawiać.

Godzinę później gospodarze i podróżny siedzieli przy stole. Wobec obfitości i soczystości dań nasz głupiec wykrzyknął na cały głos:

– Ha, to się nazywa obiad! Cóż to za kraj obfitości!

Jednakże jego czoło zmarszczyło się lekko, kiedy przypomniał sobie, że trzeba będzie za posiłek zapłacić. Ale zanim zrobił aluzję do lekkości swojego mieszka, zobaczył nie bez zdziwienia, że gospodarz i gospodyni rozpływają się w podziękowaniach za wielki zaszczyt, jaki im sprawił. Biedny Upeikis pożegnał ich pięknie i, biorąc swój worek oraz kij, zawołał towarzysza podróży. Z westchnieniem współczucia opowiedziano mu wówczas smutną przygodę kota. Podróżny zapłakał szczerze na wspomnienie swojego przyjaciela, ponieważ jego serce było mądrzejsze niż głowa. Jako odszkodowanie dano mu jedynie barana, sprawcę zbrodni. Należy zauważyć, że zwierzę to, podobnie jak wszystkie barany z tego kraju, miało gęste jedwabne runo.

Zaledwie nasz głupiec zrobił dwadzieścia kroków, coś uderzyło go lekko w ramię. Odwrócił się, nie zobaczył nikogo, i już podniósł rękę do czoła, aby się przeżegnać, kiedy znajome mruczenie oraz wilgotna i wąsata pieszczota dały mu znać, że chytry mały towarzysz, którego śmierć opłakał, zajął zwykłe miejsce na jego głowie. Popatrzył uważnie na kotka, futrzanego figlarza, i mimo że był roztrzepany, uderzył go jego tajemniczy i triumfujący wygląd, jaki dawał mu zaśliniony uśmiech na wargach i w kąciku zamkniętego oka. Uszczęśliwiony odnalezieniem towarzysza przyspieszył kroku. Myśl, żeby oddać barana jego właścicielom, wpadła mu do głowy dopiero później, gdy zapadła noc, po przejściu więcej niż dwudziestu skrzyżowań dróg. Poszedł więc dalej, mówiąc sobie: „Co mi tam!"

Gdy Upeikis spostrzegł, że nogi odmawiają mu posłuszeństwa, a na horyzoncie szybko zapada noc, zastukał do drzwi zajazdu. Człowiek, który mu otworzył, dotknął najpierw runa barana. Gdy tylko to uczynił, z jego ust wydobył się tak głośny okrzyk zaskoczenia, że wkrótce zbiegł się cały dom, by zawtórować jego zdziwieniu. Chociaż może się to wydać nieprawdopodobne, nikt w tej nowej krainie nie widział ani nawet nie słyszał o baranie o jedwabnym runie! Ugoszczono więc naszych podróżnych, a ponieważ był to wieczór wigilijny, a łaźnię nagrzano, zaproszono do niej trzech przybyłych, aby wypoczęli po trudach podróży. Kot, jak łatwo się domyśleć, zrezygnował z rozkoszy kąpieli, ale Upeikis i baran pobiegli do łaźni, okazując żywe zadowolenie, co, mówiąc między nami, kosztowało licznych członków towarzystwa kilka mocnych uderzeń rogami w najbardziej umięśnioną część ich ciała. Aby baran dobrze wysechł, jego pan po kąpieli przywiązał go do drzewa w ogrodzie. Niestety, ponieważ był nierozgarnięty, zapomniał o nim i poszedł spać. Kiedy wszyscy mężczyźni z zajazdu opuścili łaźnię, poszły do niej panie. Gdy wychodziły, jedna z nich zauważyła naszego barana i spostrzegła, że jego runo jest z czystego jedwabiu. „Będę miała piękną parę rękawiczek na niedzielę" – pomyślała. Zanurza ręce w runie, ale runo (jak się już domyślamy) było zaczarowane; zawinęło się tak mocno wokół palców, że nieszczęsne ręce zostały w nim, jak to zdarza się niekiedy, o czym zapewniają ludzie, wronom i srokom. Przyjaciółki ofiary przybiegły na jej krzyk. Trzydzieści rąk zanurza się w runie, szesnaście uwięzionych kobiet lamentuje pod niebiosa!

Walka równie tragiczna, co próżna trwała przez całą noc. Nad ranem panowie, którzy spędzili wieczór pijąc, zauważyli wreszcie nieobecność swoich towarzyszek i poszli na chwiejnych nogach w kierunku łaźni. Ale panie, gdy tylko ich spostrzegły, zaczęły krzyczeć:

– Nie zbliżajcie się, bando pijaków, wychodzimy z wody; przyślijcie służącą, żeby przyniosła nasze ubrania. – Upeikis szeroko otwierał oczy i stwierdził, że przygoda jest bardzo zabawna. Kot skromnie spuszczał oczy. Poczekano dwie godziny. Ponieważ uwięzione nie potrafiły się uwolnić, nasz szaleniec postanowił zabrać je razem ze swoim namagnesowanym baranem, mimo ich nagości i protestów oberżysty oraz podróżnych.

Po drodze szczególna karawana napotkała Żyda, który prowadził na targ wózek napełniony dziegciem. Gdy syn Abrahama dostrzegł potwora o stu głowach, wezwał na pomoc proroków i patriarchów. Ale w ten sposób zwrócił tylko na siebie uwagę barana, który z ogromnym wysiłkiem rzucił się na niego i wspaniałym uderzeniem swojej prawdziwej głowy w jego najbardziej wystającą część ciała wziął go na lep i dorzucił interesujące przybranie biblijne do innych ozdób, zajmujących bardzo wiele miejsca.

Wkrótce cała grupa znalazła się przed mostem na wielkiej rzece, pilnowanym przez Diabła, który z zapadnięciem nocy porywał podróżnych. Kiedy Zły dostrzegł naszą hydrę lernejską, jego wnętrzności zatrzęsły się ze strachu, schował się więc pod most. Jednakże gdy zauważył, że ma do czynienia tylko z baranem, kobietami i Żydem, wyszedł z kryjówki i pociągnął złośliwie za połę usmolonego surduta Izaaka. Źle na tym wyszedł, ponieważ przykleił się do niej bez żadnych czarów, w sposób jak najbardziej naturalny. Procesja, powiększona o mieszkańca piekła, ruszyła w drogę i około północy dotarła do bramy wielkiego pałacu. Straż rzuciła się na naszych biednych ludzi, zatrzymała ich i zaprowadziła do kancelarii Wielkiego Szambelana Dworu.

Król kraju, mieszkający w pałacu, miał córkę, która, jak wiele księżniczek, miewała bardzo różne zachcianki. Chciała ona poślubić młodzieńca, któremu uda się rozwiać jej kaprysy i rozśmieszyć ją do łez. Przedstawiono księżniczce dziesiątki królewskich pretendentów, ale ich dowcip nie wywarł żądanego efektu, co nie może dziwić, ponieważ książęta uchodzą za ludzi mądrych, przynajmniej w opinii ich dworzan. Nieszczęsny monarcha, zachwycony gratką, kazał zaraz przemaszerować naszemu Świętu Szalonych przed balkonem księżniczki. Ta zaś, chociaż nieco zaskoczona, wypytała naszego głupka. Jego opowiadanie rozjaśniło twarz pięknego dziecka, ale nie rozśmieszyło go. Kiedy jednak kot wyskoczył spomiędzy sabotów Diabła i z wojowniczą miną usiadł na mycce Żyda, aby wdzięcznie i dostojnie pozdrowić ją z tego miejsca, dziewczyna zaklaskała w ręce i wybuchnęła tak szczerym śmiechem, że zaraziła nim wszystkich zgromadzonych. Następnego dnia Król abdykował, odbyła się uroczystość ślubu i koronacji pana Upeikisa.

Nasz głupiec został królem i jest to mimo wszystko, moje dzieci, najdziwniejsza historia. Czy widziano bowiem wcześniej, pytam się was, głupca zasiadającego na tronie?

KRÓLOWA WĘŻY

Dawno temu, w zaraniu dziejów, żyli sobie starzec i staruszka. Mieli dwunastu synów i trzy córki, z których najmłosza nazywała się Egle – jodła. Pewnego letniego wieczoru trzy siostry poszły się kąpać w jeziorze, blisko domu rodziców. Po długich zabawach, w których mąciły spokój wód, wyszły na brzeg, żeby się ubrać. Nagle, ku swej wielkiej trwodze najmłodsza zauważyła, że do rękawa jej tuniki wśliznął się wąż. Najstarsza z sióstr uzbroiła się w kij i chciała wygnać gada. Ale wąż, podnosząc głowę w kierunku Egle, zwrócił się do niej cichym, ludzkim głosem w te słowa:

– Dziewczyno, przyrzeknij, że mnie poślubisz, a zaraz opuszczę to miejsce.

Coraz bardziej przerażona biedaczka krzyknęła:

– Och nie, tysiąc razy nie, nigdy nie będę żoną węża. Oddaj mi szybko moją suknię i zostaw nas w spokoju.

Wąż, niedyskretny jak prawdziwy mężczyzna, powtórzył:

– Daj mi tylko słowo, a oddalę się, jak przyszedłem.

Ponieważ spór przedłużał się, mała Egle, zmęczona kłótnią, dała sobie wyrwać obietnicę. Wąż zaraz wyszedł z rękawa i zniknął w wysokiej i gęstej trawie.

Dwa dni minęły w zupełnym spokoju, ale jeszcze nie skończył się trzeci, kiedy ogromna liczba węży, przybyłych ze wszystkich stron, zapełniła podwórze domu i zasiała strach w sercach jego dużych i małych mieszkańców. Węży było tak dużo, że wydawało się, iż roją się one falami. Wychodziły setkami ze wszystkich kątów i z najmniejszych dziur, a ich niezwykły sposób podskakiwania i skręcania się z sykiem świadczył o wielkim podnieceniu. Wiele węży, większych i niewątpliwie starszych, wślizgiwało się do wnętrza domu. Byli to swaci, wyznaczeni przez radę starszych do rozpoczęcia rozmów z Egle i z jej rodzicami.

Ci zaś – czy trzeba wam o tym mówić? – początkowo odmówili żądań najeźdźców w sposób formalny, a grzeczna forma odmowy tylko w połowie ukrywała ich strach, a zwłaszcza odrazę. Ale coraz większa fala węży uderzała teraz o drzwi i o okna i wreszcie trzeba było ugiąć się przed prawem silniejszego. Gdy tylko wypowiedziano fatalne „tak", węże, pochwyciwszy Egle, rzuciły się jak potok ku wyjściu. Rodzice narzeczonej, podobnie jak jej siostry i bracia, wpadli w czarną rozpacz; tylko to mogli zrobić w tej sytuacji, bez żadnej dla siebie korzyści.

Węże i ich branka skierowały się ku morzu. Kiedy grupa była blisko brzegu, Egle zauważyła uroczego kawalera, który zdawał się oczekiwać jej. Zdjąwszy kapelusz zbliżył się do dziewczyny i dał się rozpoznać jako wąż, który kilka dni wcześniej wsunął się do rękawa jej sukni. Po przywitaniach i komplementach w bardzo dobrym tonie cała karawana wsiadła na łodzie, oczekujące przy brzegu i skierowała się w stronę wyspy, na której młody wąż posiadał zamek. Tam właśnie odbył się ślub. Siedziba węża była, podobnie jak on sam i jego otoczenie, samym blaskiem, wspaniałością i słodkim szmerem. Wesele i jego uroki trwały nie krócej niż trzy tygodnie i nie jestem w stanie opisać wspaniałości, które pito i jedzono. Uroczystość stała się okazją do zabaw ludu słynącego z bardzo wdzięcznych i urozmaiconych tańców. Piękne widoki, które przesuwały się przed oczyma młodej małżonki, łagodziły w pewnym stopniu jej smutek. Zupełna wolność, z której korzystała, oczarowała ją. Dzień mijał po dniu, pora roku po porze roku, wspomnienia i żale stopniowo wymazały się z pamięci Królowej, zapomniała o swoim dzieciństwie i o swoich bliskich.

I tak minęło dziewięć lat. Egle była teraz matką czworga dzieci, trzech synów i jednej córki. Synowie nazywali się Azuolas – dąb, Uosis – jesion i Berzas -- brzoza. Córkę, która urodziła się ostatnia, nazwano Drebule – osika.

Pewnego dnia najstarszy syn Egle, Azuolas, zapytał ją:

– Mamusiu, gdzie są twoi rodzice? Dlaczego nigdy nie poszliśmy ich odwiedzić?

To pytanie obudziło w sercu młodej kobiety tysiące najczulszych wspomnień. Wielki smutek rzucił cień na jej duszę. Zastanawiała się, czy żyją jeszcze jej ojciec i matka, czy pamiętają o niej bracia i siostry. Poszła do swojego męża i poprosiła go, aby pozwolił jej powrócić na jakiś czas w rodzinne strony, do swoich bliskich.

Wąż bardzo łaskawie zgodził się na życzenie żony.

– Nic łatwiejszego – odpowiedział – ale zanim wyruszysz w drogę, będziesz musiała postąpić zgodnie z naszymi zwyczajami i uprząść ten oto motek jedwabiu.

Uszczęśliwiona Egle wzięła się od razu do roboty. Przędła bez przerwy przez trzy dni i trzy noce. Ale motek wcale się nie zmniejszał. Szalony niepokój wkradł się w serce młodej kobiety. „Motek jest z pewnością zaczarowany – pomyślała – kpią sobie ze mnie, jestem ofiarą okrutnego oszustwa."

Zagniewana i pełna niepokoju udała się do staruszki, która mieszkała w chatce blisko zamku.

– Droga mateczko – powiedziała – kochany kwiateczku,

obejrzyj, proszę cię bardzo, ten motek i powiedz mi, jak trzeba go prząść. – Staruszka wzięła okulary, przybliżyła długi nos do motka i ostrym oraz śpiewnym głosem wypowiedziała te słowa:

– Raz, dwa, trzy, strzeż się, strzeż się. Siedem, osiem, dziewięć, do ognia, do ognia!

Egle pobiegła szybko do domu, rozpaliła wielki ogień w piecu i wrzuciła do niego motek. Wkrótce płomień przybrał postać ogromnej ropuchy, której krosty zaczęły wydzielać piękną, jedwabną nić.

Uszczęśliwiona młoda kobieta zastukała do drzwi swojego męża. Ten pochwalił ją za robotę, wyjął spod stołka parę ciężkich żelaznych butów i powiedział:

– A teraz, moja śliczna, zrób mi przyjemność i włóż te buty. Kiedy się zniszczą, ruszysz w drogę, by złożyć wizytę twoim rodzicom.

Zmartwiona Egle uwięziła nogi w ciężkich sabotach. Dzień i noc szurała podeszwami, zniszczyła podłogę i dziedziniec. Buty jednak opierały się tym wszystkim zabiegom i wyglądały tak , jakby chciały z niej drwić przez wszystkie wieki.

Nieszczęśliwa przypomniała sobie o staruszce i pospieszyła do jej chatki. Czarownica policzyła tym razem do trzynastu i kazała wrzucić saboty w żar ognia rozpalonego przez jej sąsiada kowala. Egle postąpiła zgodnie z jej radą. Spalone saboty z żelaza zniszczyły się w ciągu trzech dni.

Młoda małżonka boso i z butami bez podeszew w ręku stanęła po raz trzeci przed drzwiami Węża.

– Cudownie – wykrzyknął – a teraz nie pozostaje ci nic innego niż upiec paszteciki z zająca*.

Chytry gad usunął z domu wszystkie naczynia kuchenne i raz

* Tradycyjny podarunek, który na Litwie daje się rodzicom, odwiedzając ich [przyp. aut.].

jeszcze Egle znalazła się w sytuacji, z której wydawało się, że nie ma żadnego wyjścia. Ale czarownica znalazła jedno:

– Tym, co zostało z twego ostatniego pieczenia, zatkasz dziury sita; zamienione w dzieżę nie przepuści wody i przygotujesz w nim ciasto.

Błogosławiąc mądrą i usłużną czarownicę, młoda kobieta w towarzystwie dzieci niosących paszteciki poszła w stronę domostwa swoich rodziców. Wąż towarzyszył rodzinie aż do morza i zalecił Egle, aby pozostała u rodziny nie więcej niż dziewięć dni.

– W drodze powrotnej, kiedy zbliżysz się do brzegu, zwróć baczną uwagę, aby obok ciebie pozostały tylko dzieci. Odeślij eskortę, jeśli ci ją dadzą. Potem wypowiedz następujące słowa:

O wężu, wężyku, wężusiu,
Jeśli żyjesz, piana jest mleczna.
O wężusiu, wężyku, wężu,
Jeśli umarłeś, piana jest krwawa.

– A wy, dzieci – dodał – pamiętajcie, że absolutnie zabraniam wam wyjawić komukolwiek to zaklęcie.

Nie potrafię opisać przyjęcia, które zgotowano Egle w jej rodzinnym domu. Radość była tak wielka, że wkrótce przybyli wszyscy sąsiedzi. Cały czas słychać było okrzyki, gratulacje i zapytania o jej życie wśród węży. I już pierwszego dnia, jak łatwo się domyśleć, rodzice Egle oraz jej bracia i siostry zebrali się na naradę, aby się zastanowić nad tym, jak ją zatrzymać na zawsze. Dowiedziawszy się o zaklęciu, służącym do tego, aby wąż przybył nad brzeg morza, nie zaprzestali starań, aż poznali formułę. W tym celu najpierw zwrócili się do najstarszego syna, Azuolasa. Ale ani prośby, ani groźby nie wywarły wpływu na jego uparte milczenie. Udało się im tylko uzyskać obietnicę, że nie wyjawi nic swojej matce.

Drugi atak był skierowany na Uosisa, a trzeci na Berzasa; dwaj chłopcy dali w tej sytuacji dowód takiej samej dyskrecji, jak ich najstarszy brat. Ale zupełnie inaczej poszło z córką, Drebule. Była dzielna na początku przesłuchania, ale potem zaczęła gwałtownie drżeć na widok przeznaczonych dla niej rózg i w chwilę później, aby uniknąć kary, wyjawiła jak najdokładniej słowa zaklęcia.

Dwunastu braci uzbrojonych we wszechpotężne zaklęcie z pośpiechem udało się na brzeg.

O wężu, wężyku, wężusiu.
Jeśli żyjesz, piana jest mleczna.
O wężusiu, wężyku, wężu,
Jeśli umarłeś, piana jest krwawa.

Wąż wynurza piękną głowę z wody i płynie do utraty tchu... Już jest na piasku. Dwunastu mocnych chwatów rzuca się na swego szwagra i zabija go. Następnie, zadowoleni z tego, co zrobili, wracają do domu, nic mówiąc nikomu ani słowa o całej sprawie.

Po dziewięciu dniach Egle żegna się z rodziną i idzie w stronę morza...

O wężu, wężyku, wężusiu,
Jeśli żyjesz, piana jst mleczna,
O wężusiu, wężyku, wężu,
Jeśli umarłeś, piana jest krwawa.

„Piana jest krwawa..." Zaledwie zabrzmiało ostatnie słowo zaklęcia, kiedy całe morze wzburzyło się gwałtownie i zakipiało na czerwono, a z jego głębi zabrzmiał głos Męża-Węża:

Dwunastu braci uzbrojonych w kosy
Zabiło mnie, biednego wężyka
Nasza córka Drebule
Wyjawiła im sekret
Drebule, tak Drebule
Najbardziej kochana i najbardziej pieszczona.

Egle wybuchnęła szlochem i długo płakała. A potem, zwracając się do Drebule powiedziała:

Córko, czy sądzisz, że nie mam racji?
Zapuść korzenie i drżąc, stań się osiką.
O niewdzięczna, nie byłaś mądra,
Zostań tu sama, o nieszczęsne drzewo
Z wiatrem, który rozplątuje twe włosy
I deszczem, spływającym po twej twarzy.

I, zanim sama zapuściła w ziemię korzenie, zwróciła się do synów w te słowa:

Żyjcie szczęśliwie, drzewa czyste, drzewa święte,
Ukochane serca Egle, pogrzebowej jodły.

Dziś jeszcze, po tylu tysiącleciach, Azuolas-Dąb, Uosis-Jesion i Berzas-Brzoza są najpotężniejszymi, najszlachetniejszymi i najbardziej lojalnymi drzewami na świecie. A Drebule-Osika drży przy najmniejszym wietrze. Gdy tylko zaczyna wiać, spójrzcie, drży, niestety drży, drży i drży.

Pewnego razu żyli sobie starzec i staruszka. Mieli jednego syna. Ten syn był wielkim głupcem. Pewnego dnia matka wzywa go i mówi:

– Mój mały, wyglądasz jak dobosz. Nie czekaj, aż wyrosną ci włosy na brodzie, aby porzucić śliniaczek i zabawki, ruszaj w świat. Zostaw tu swoich przyjaciół, dzieci z chóru, weź dobry kij, idź górami i dolinami, stykaj się z ludźmi, to cię trochę nauczy sprytu, a dobry Bóg wie, czy go potrzebujesz.

Głupiec nie odpowiedział ani tak, ani nie, nie odrzekł ani słowa, wykonał dokładnie rozkazy swojej matki i wyszedł z domu, jakby miał zerwać bukiecik konwalii. W pierwszej wiosce, jaką napotkał na swej drodze, dostrzegł ludzi, którzy młócili groch na klepisku. Posłuszny zaleceniom matki, zbliżył się do młócących, szedł od jednego do drugiego powłócząc nogami, nadepnął na nogi tego i tamtego, co skończyło się tym, że posłali go do diabła, początkowo słowami, a potem mocnymi uderzeniami kija. Zupełnie zbity wrócił do swej matki i opowiedział jej swoją przygodę.

– Ach, wielki głupcze, to dlatego że nie wiedziałeś, jak się do tego zabrać. Czy zaczepia się ludzi bez słowa, bez żadnych grzeczności? Widzisz, jak młócą groch. Dobrze, pozdrawiasz ich z miłym uśmiechem, przez chwilę z miną znawcy patrzysz, jak pracują, a potem mówisz do nich: ,,Tak, to znakomita robota, pracujecie nie jak chłopi u nas''. Wtedy zaczyna się rozmowa, dowiadujesz się tego i owego, i gdy masz ich opuścić, zwracasz się do nich słowami w rodzaju tych: ,,Niech dobry Bóg was błogosławi, niech wam wynagrodzi, ach, zasłużyliście bardzo na to. Życzę wam takich zbiorów, żeby nie starczyło ramion do ich niesienia, żebyście musieli je wieźć na wózku, i żebyście nigdy nie skończyli waszej pracy''. Wtedy dostałbyś worek grochu i ugotowalibyśmy go na kolację.

Następnego dnia głupiec ponownie idzie w pole i o zachodzie słońca przechodzi przez wieś, w której chowają zmarłego. Pewny siebie i dumny ze swojej pamięci spieszy, aby jak najszybciej wydobyć z niej te piękne słowa, które zapamiętał:

– Niech dobry Bóg wam błogosławi, dobrzy ludzie, ach, bardzo na to zasłużyliście. Życzę wam tego tyle, żeby nie starczyło wam ramion, aby to nosić, żebyście byli zmuszeni wozić wózkiem i żebyście nigdy nie kończyli waszej pracy.

Zaledwie wypowiedział te słowa, wszystkie kije z konduktu spadły mu na głowę i więcej niż jeden sabot zaznajomił się z jego siedzeniem.

I oto znów jest w domu i skarży się płaczliwie matce, że wbiła mu do głowy tak dziwne formuły powitania.

– Mój biedny chłopcze, wcale nie jestem winna, to tylko twoja wina. Czy nie widzisz pomyłki? Powinieneś był paść na kolana, zacytować ,,Ojcze nasz'' i ,,Zdrowaś Mario'', a następnie zaśpiewać ,,Requiem'', płacząc tak głośno i tak szczerze, jak spadkobiercy.

,,Teraz – pomyślał głupiec – wiem wszystko, co można wiedzieć; dla przykładu pokażę to przy zakrystianie i sędzim.''

Parę dni później spotykamy go na głównej drodze wsi, w której odbywa się święto; słyczać wybuchy śmiechu, głośne żarty, przygrywki i owacje. Ludzie tańczą, kapelusze ozdobione wstążkami wzlatują w powietrze. Zgadliście, to wesele. Wszyscy radują się, przynoszą baryłki. Ukazują się nowożeńcy, za nimi zaś kroczy długi szereg strojnych druhen i druhów. Orszak wygląda wspaniale, chociaż mój opis jest niepełny. I nagle nasz głupiec zaczyna śpiewać stentorowym głosem:

– *De profundis clamavi ad te Domine... Requiem aeternam dona eis Domine... Requiescant in pace!*

Nie muszę wam wcale mówić o tym, co się stało. Nie przypominam już sobie dokładnie, ile złamanych żeber i zębów nieszczęsny głupiec przyniósł do domu. Wiem tylko jedno: jego matka nie wysyła go już, by się uczył w świecie, a on sam żegna się znakiem krzyża, gdy słyszy najmniejszą aluzję do sakramentu małżeństwa.

CIERPIENIA LNU

Pewnego razu żyli sobie pasterz i pasterka. Nazywali się Jonukas i Onute i kochali się tak czule, że nic na świecie nie mogło ich rozdzielić. Nic na świecie... Niestety, przybyła okrutna śmierć, zabrała Jonukasa i oto droga Onute tonie we łzach. Idąc za trumną swego przyjaciela, błagała niebo, aby pozwoliło zobaczyć go chociaż we śnie. Jej prośba została wysłuchana i pewnej nocy pojawił się przed nią Jonukas i rzekł:

– Onute, jutro wieczorem czekaj na mnie za stodołą. Przyjadę na koniu i zabiorę cię ze sobą.

Następnego dnia z nastaniem nocy Onute, która pierwsza przyszła na spotkanie, zobaczyła Jonukasa na wspaniałym rumaku.

– Na koń, na koń, Onute, i w drogę! – zawołał ukochany.

I oto galopują wielkim pędem przez pola, łąki i lasy, przebywają strumienie i rzeki, w końcu zatrzymują się u stóp posępnej i łysej góry, przed wejściem do zupełnie czarnej i bardzo wąskiej pieczary.

– Wchodź, najmilsza, wchodź, podziemna droga nie jest bardzo długa, zaledwie kilka milionów mil – zachęca Jonukas.

Zlodowaciała ze strachu Onute odpowiada:
– Drogi Jonukasie, znasz drogę lepiej niż ja, wejdź pierwszy, a ja pójdę za tobą.
Jonukas nie zdążył jeszcze schować głowy w szczelinę, a biedna Onute, bardziej martwa niż żywa, bierze nogi za pas. Jonukas goni ją. Onute dostrzega słabo oświetloną chatkę, wpada do niej i zamyka drzwi tuż przed nosem swego upiora. W kącie izby mała staruszka kiwa głową u wezgłowia łóżka wielkiego, ubranego na biało mężczyzny, który śpi jak potrafią spać tylko martwi; umarł bowiem z pewnością przed dwoma dniami.
– Staruszko, na miłość boską, schowaj mnie! – zawołała dziewczyna.
Staruszka rozkazuje jej przykucnąć za piecem, staje przed nią, by jej bronić. Tymczasem Jonukas, z bladą, przyklejoną do szyby twarzą, krzyczy w świetle księżyca:
– Trupie, oddaj mi żywą!
Ręce trupa zaczynają się poruszać. Jonukas krzyczy coraz głośniej:
– Trupie, oddaj mi żywą!
Nogi wielkiego, ubranego całkiem na biało mężczyzny zaczynają się poruszać. Jonukas krzyczy ostatni raz:
– Trupie, oddaj mi żywą!
Trup wstaje i zbliżając się do starej odzywa się głuchym głosem:
– Idź stąd, pozwól mi wykonać mój obowiązek. Wśród martwych nie ma oszustw. Muszę mu oddać jego własność, dziewczynę, która chowa się za tobą.
Na to stara:
– Dobrze, dobrze, ale posłuchaj chwilę. Jesteś odziany w piękny całun, i założę się, że nie potrafisz powiedzieć, z czego i jak go zrobiono. Pozwól mi opowiedzieć o cierpieniach lnu, tego

właśnie lnu, który cię okrywa. Potem będziesz mógł, jeśli serce ci to dyktuje, mój kochaneczku, pójść po...

– Zgadzam się, starucho, ale dość słów, zaczynaj.

– Trochę cierpliwości, mój zmarły nieboraku. Chciałbyś, żeby poszło prędko, to pięknie, jak wiadomo każdy robi to, co uważa za stosowne, ale cierpień lnu nie opowiada się tak szybko, jakby się połykało kęs chleba. To trwa długo, długo, ojczulku, długo, długo trwają cierpienia lnu.

– Stara, stara, świeca spala się, a ty nie zaczęłaś jeszcze swojego opowiadania – powiedział martwy.

– Zaczynamy, zaczynamy, ale nastaw dobrze uszu, dzielny zmarły, bo to opowieść, powiem tylko tyle... Zresztą opowieść bardzo krótka. Zasiano więc len, zabronowano – pomyśl o tych długich miesiącach jesiennych i zimowych, co za nuda, na miłość boską, ileż cierpień... Jeszcze wtedy, kiedy wiosna jest ciepła, to jakoś idzie, kiełkuje, rośnie, korzysta z życia. Ale kiedy wiosna dmucha zimnem, nasz biedny, niewinny len wystaje nieco z ziemi i zaczyna czekać na słońce, dobre słoneczko. I spójrz, jak trzęsie się z zimna na słabej łodydze, szczęka zębami, chciałam rzec liśćmi, drogimi małymi listkami... A dalej, cha, cha!, następują choroby...

– Szybciej, stara, szybciej...

– Jeżeli przerywasz mi na samym początku, to jak mam opowiadać? W śmierci, jak w życiu, trzeba najpierw wiedzieć, czego się chce... Gdzie więc skończyłam? Ach, już wiem... Po przebyciu choroby len sądzi, że dalej wszystko pójdzie jak z płatka... A właśnie, że nie, ponieważ ten łobuz wiatr przylatuje, by zepsuć wszystko. Spójrz, pokażę ci, jak maleńkie główki, torebki nasienne – tak, tak – uderzają o siebie, i jak...

– Stara, stara, zabijesz mnie... chciałem powiedzieć, ożywisz mnie...

– Wreszcie wiatr ustaje, len podnosi się, jak może, i to po to, aby zobaczyć, że wokół rośnie bardzo wiele chwastów o wszelkich kolorach i zapachach. I spójrz, przychodzą dziewczęta, aby je wyrwać i wtedy jaki zgiełk! Ludzie przychodzą, odchodzą i w ciągu tego czasu depczą mu po nogach, to znaczy po korzeniach...

– Stara, stara, nudzisz mnie ogromnie, nie mogę tego wytrzymać, ale...

– Przeciwnie, mój zmarły, przeciwnie, opowieść płynie jak wiatr, bo oto len dojrzał, stoi prosty, gęsty, ukwiecony, co za uczta dla oczu... Będzie miał nareszcie w życiu trochę przyjemności. Spokojnie, spokojnie, znaczyłoby to, że źle znamy nasz piękny, mały świat, Dolinę Łez, jak go nazywa Ksiądz Proboszcz... Bo oto cała wioska rzuca się na pole lnu, dorośli i dzieci, mężczyźni i kobiety, młodzi i starzy, wszyscy zaczynają wyrywać go z ziemi, robią z niego snopki, kładą na ziemi i podnoszą. Zaczyna się suszenie – potrzeba do tego dużo cierpliwości.

– Stara, stara, zostaw w spokoju cierpliwość, ach tak, radzę ci, żebyś mówiła o cier...

– Skończone, len wysechł, przyjeżdżają wozy, zabierają go do wsi. I wtedy cały dom uzbraja się w kije, kładą biedaka na podłodze, a potem łupu-cupu, łupu-cupu!

– Stara, stara, podsuwasz mi pewien pomysł... Gdybym miał kij...

– Spokojnie, zmarły, nie jesteś taki straszny, widziałam w tym życiu wielu. Bach, bach – biją weń, nie zostaje w nim ani odrobina mózgu (mówię to w związku z nasionami, rozumiesz, to właśnie nazywa się sposobem mówienia, podobnie jak ktoś mówiłby w przenośni i chodzi o to, aby się zrozumieć) i wtedy wynoszą go na dwór, kładą na łące. Ach, to nie łoże usłane różami! Bo przyszła jesień, a z nią deszcze, wiatry, długie noce i sama nie wiem, co jeszcze. I wreszcie, znowu robią z niego snopki i dalej, do stodoły. Nowe suszenie, aż zmieni się we włókna i wtedy, słuchaj mnie dobrze, to, co dotychczas mówiłam ci o jego cierpieniach, było niczym, mniej niż niczym, teraz dopiero zaczynają się męki piekielne. Zaczynają tłuc te małe włókna, tak, tak, cóż zrobić, można wyzionąć ducha, gdy się to ogląda, i tłuką tak, aż zostaje tylko skóra...

– Stara, stara, uważaj, żebym nie obdarł cię ze skóry...

– Tak, tak dobrze zgadłeś, bo tu chodzi właśnie o obdzieranie skóry, a robią to ostrymi deszczułkami, a potem czeszą mu gwałtownie jego piękne włosy, aby nie została najmniejsza słomka. I wtedy robi się z niego przędzę. Wkłada się ją do warsztatu tkackiego, wzdłuż i wszerz, i tka się ją...

– Jeszcze trochę, stara, spieszmy się, spieszmy... Hm, daj mi pić.

– Myślisz, że to koniec? Dalej, dalej, jeszcze daleko do końca! Utkany len kładzie się na łące, i leży tam, bez względu na to, czy jest ładnie, czy brzydko, zimno, czy ciepło, sucho, czy mokro. A gdy jest mniej lub bardziej wysuszony – nie mówię tego dla śmiechu – wówczas myją go silnym strumieniem wody, a potem...

– Ach, stara, stara, poleć swą duszę Bogu. Sam nie wiem, co mnie powstrzymuje...

– A potem, o czym mówiłam, ach tak! Robi się z niego ubrania, które są nie do zdarcia, które zużywa się do ostatniej nitki... A potem wzywa się Żyda, któremu się je sprzedaje. Żyd niesie je do fabryki. Można by długo, długo opowiadać o tym, co się tam dzieje! Ale wystarczy, żebyś wiedział, że zmienia się te ubrania w papier... Wszystko, o czym mówiliśmy do tej pory, to drobiazg w porównaniu z tym, co następuje potem. Bo ludzie, którzy zajmują się pisaniem – poeci, pisarze, fabrykanci opowiadań, przy których usypia się stojąc, tak, tak! – nicponie, którzy zajmują się pisaniem, biorą go i skrobią na nim wszystko, co wpada im do głowy. Och, co za ogromne nieszczęście, jaka rozpacz.

I kiedy stara mówiła te ostatnie słowa, nagle zapiał kogut. Był dzień! Zmarły wrócił do trumny, Jonukas do swej góry. Mała Onute była uratowana.

OPOWIADANIE PEŁNE MĄDROŚCI

W pewnej wsi mieszkał wieśniak i jego żona. Jednego wieczora przybył do nich z wizytą Pan, który poprosił o gościnę. Małżonkowie zachwyceni tą gratką zaprosili go, aby zajął miejsce przy stole i po wieczerzy pobiegli przygotować mu łoże.

Jaśniepan nie zdążył jeszcze skończyć modlitw, kiedy usłyszał pod oknem następującą rozmowę:

– Podnieście głowę i spójrzcie na to! Czy kiedykolwiek widziano coś takiego! Tam, tam – patrzcie, tam, gdzie pokazuję palcem – sądzę, że to obok Ryb. Nie powiecie mi przecież, ojcze Upeikis, że nic się nie stało!

– Tak, na Boga, cała ta część nieba wygląda dziwnie. To wróży wojnę, trzęsienie ziemi i wielki głód.

– Nie znacie się na tym zupełnie. To po prostu oznacza, że tej nocy w tym domu urodzi się chłopiec; że Pan, który w nim śpi, będzie nie później niż jutro o wschodzie słońca ojcem dziewczynki; i że dzieci, kiedy dorosną, będą mężem i żoną. Możecie mi wierzyć, znam się na tym jak nie byle kto. Nie bez powodu pasłem barany w młodości. Pasterz wie o tym dużo, no nie? Czy nie czytaliście Ewangelii?

Szlachcic nie zmrużył oka przez całą noc. Widział się już

teściem jakiegoś chłopa, który będzie rządził w jego domu i odziedziczy cały majątek. Pomodlił się gorąco do swego patrona, świętego Onufrego, prosząc go, by chronił jego ród i niezwłocznie zwiększył kontyngent aniołów o jednego. Potem zastanowił się: „Ze świętymi nigdy nic nie wiadomo. Mam spokojne sumienie, uprzedziłem ich. Pomóż sobie, a niebo ci pomoże. Wiem, co mam robić".

O świcie pobożny kawaler zastukał do drzwi gospodyni. Zastał ją leżącą przy kołysce, w której leżał wyjątkowo piękny noworodek.

– Na świętego Onufrego, jakiż on ładny i jaką ma sprytną minę! Już od dawna chcę mieć chłopca, a rodzą mi się same dziewczynki. Sprzedajcie mi go, oto dziesięć tysięcy dukatów. Będzie szlachetnie urodzony, bogaty i poślubi księżniczkę – odezwał się Pan.

Oczarowani rodzice ocierali oczy ze wzruszenia.

– Zróbcie to dla dobra waszego małego... Nie będzie taki jak inni, którzy podpisują się krzyżykiem na papierach. Nauczymy go podpisywać je i parafować, i mówić „dzień dobry" i „dobry wieczór" po łacinie – mówię wam na razie tylko o tym.

Dobrzy ludzie skinęli z powagą głowami, podrapali się po głowach i obsypali swe dziecko-szlachcica tysiącem pieszczot.

Jaśniepan wziął dziecko i wsiadł do różowej karety. W środku ciemnego lasu kazał zatrzymać konie i z zimną krwią rozkazał stangretowi zanieść zaadoptowanego syna w gąszcz, zadusić go i wyrwać mu serce. Żaden mięsień nie drgnął na czerwonej twarzy sługi, który miał jednak serce. Kiedy chciał wykonać rozkaz swego pana, zachwycił się pięknością dziecka i zlitował nad nim. Co robić? Na szczęście dostrzegł małego zająca siedzącego w trawie. Skoczył na niego, udusił go, wyrwał mu serce i jeszcze bijące zaniósł swemu panu. Woźnica zaciął konie batem i pojechali. Malec pozostał sam w lesie na jeszcze ciepłym posłaniu nieszczęsnego gryzonia. Po przyjeździe do domu Jaśniepan dowiedział się o urodzinach córki.

W parę godzin po tych wypadkach ojciec sprzedanego niemowlęcia poszedł do lasu po drzewo i znalazł opuszczone dziecko, które rozpoznał bez trudu. Przyniósł je do domu i nie muszę wam mówić, z jaką radością je przyjęto. Gdy dziecko miało siedem lat, jego rodzice przypomnieli sobie o nauce, o jakiej mówił im szlachcic. Przyjęli to jako znak losu i wysłali chłopca do szkolnego nauczyciela, mieszkającego w sąsiednim miasteczku, który nauczył go alfabetu i zasad gramatyki.

Minęło jeszcze wiele lat i pewnego dnia Jaśniepan, kupiec noworodków, zatrzymał się ponownie u chłopa. Ten zaś, zajęty w stajni, posłał do niego syna. Gadu, gadu i młodzieniec opowiedział przybyszowi historię swego życia. Szlachcic zaczął zastanawiać się nad tym, jakim cudem chłopak uniknął noża stangreta. Wszystkie dawne niepokoje odżyły w jego złym sercu.

– Wasz syn podoba mi się – powiedział do rodziców. – Jest miły, inteligentny i przystojny. Jestem człowiekiem wolnym od przesądów; wszyscy pochodzimy od Adama i Ewy, wszyscy jesteśmy równi przed Bogiem, naszym Ojcem. Mam córkę równie piękną i mądrą jak wasz syn. Trzeba ich ożenić. Zróbcie mi przyjemność i wyślijcie waszego chłopca do mojej żony z bilecikiem ode mnie, który dam wam dziś wieczorem, zanim nie ruszę do miasta.

Jak powiedziano, tak zrobiono. Przejeżdżając przez najbliższe miasteczko młodzieniec złożył wizytę nauczycielowi, który uczynił zeń źródło wiedzy. Opowiedział mu swoją nową przygodę i pokazał list Jaśniepana. Kiedy tylko nauczyciel pozostał sam, zerwał zręcznie pieczęć, otworzył list i przeczytał, co następuje: „Droga Pani, proszę cię bardzo, każ wpakować oddawcę niniejszego listu do pieca służącego do wypalania wapna. Niech Bóg ma was w świętej i godnej opiece".

Przebiegły nauczyciel spalił bilet i zastąpił go innym, na którym napisał te słowa: ,,Droga Pani, proszę cię bardzo, ożeń w ciągu trzech dni naszą Scholastykę z oddawcą tego listu. Niech Bóg..." i tak dalej. Następnie nakleił nie naruszoną pieczęć.

Młodzieniec puka do drzwi pańskiego domu, oddaje list Drogiej Pani. Ta czyta go raz i drugi pochylając głowę i spoglądając od czasu do czasu przez okulary na twarz pretendenta. Przybiega jednak piękna Scholastyka i matka od razu zauważa, że posłaniec podoba się jej.

– Oto Pan, którego ojciec przeznacza Ci na męża. Obejrzyj go starannie i powiedz mi, co o nim sądzisz.

Szlacheckie dziecko obeszło wkoło młodzieniaszka, oglądając go od stóp do głów, z przodu, z tyłu i z dwóch stron.

– Ależ to bardzo ładny chłopak, Pani Matko. Pan jest bardzo ładny, proszę Pana. Oto moja ręka na początek – dodała czerwieniąc się.

Po powrocie do drewnianego dworu Jaśniepan znalazł córkę poślubioną zgodnie z prawem i od razu zaczął się zastanawiać, w jaki sposób najszybciej pozbędzie się nie pochodzącego ze szlachty zięcia. Ten jednak robił, co mógł, żeby zaskarbić sobie łaski teścia, a ponieważ był wykształcony i umiał pracować, przywrócił wkrótce porządek w domu i w posiadłościach, które oddano mu w zarządzanie. Ale mimo to teść coraz bardziej pogardzał nim i nienawidził go.

Młody człowiek każdego dnia wstawał o szóstej rano, aby doglądać pracy wapienników, będącej jednym z podstawowych źródeł dochodu szlachetnej rodziny. Wiedział o tym ojciec czułej Scholastyki i w jego morderczych marzeniach wypalanie wapna ściśle łączyło się z obrazem jego spadkobiercy. ,,Pierwszy pomysł jest zawsze najlepszy – powtarzał ciągle. – Pisząc podstępny list, myślałem o wapnie, i miałem rację. Nie wiem, co za diabeł pokrzyżował moje plany, o których powodzenie pobożnie prosiłem mego świętego patrona. Ale tam, gdzie nie udało się świętemu Onufremu, mnie się uda. Wapiennik! Wapiennik! Nie odstąpię od tego pomysłu.''

Pewnego wieczoru Pan każe wezwać robotników i mówi:

– Pierwszego człowieka, którego zobaczycie jutro rano, wrzucicie do pieca. Zrozumieliście, czy też kij ma to wam powtórzyć?

O świcie, gdy mąż wkładał buty, aby pójść do sławnych pieców, Scholastyce przyszła chęć na długie, intymne zwierzenia. Robotnicy czekają. Widzą, że nadchodzi jakiś służący, chwytają go za gardło, życząc przyjemnej podróży... Och, ileż przekleństw usłyszał tego dnia święty Onufry.

Kiedy udały się zbiory, młodzieniec zaniedbał nieco piece, aby chodzić na pole i pilnować stodoły. Teść zbiera na nowo robotników, rozkazuje im wykopać za nią głęboki rów, grożąc im szubienicą, jeśli nie zakopią w nim o świcie pierwszej osoby, jaką zobaczą. Ale stary Żyd miał rację, kiedy mówił, że miłość jest co najmniej tak silna jak śmierć! Właśnie wtedy, gdy Pan-wieśniak zapinał swój surdut, żeby pójść do stodoły, czuła Scholastyka wyciągnęła rękę i zniszczyła już zaczętą pracę.

– Mój miły, zostań jeszcze przez chwilę obok mnie, tatuś może cię zastąpić dziś rano – odezwała się żona.

Tatuś, widząc słońce wysoko na niebie, mówi do siebie:

– Brudas już od dawna nie żyje i jest pochowany. Pójdźmy wylać na jego grobie łzę, jaką Lawrence Sterne wylał niegdyś na grobie Abelarda i Heloizy.

Pobiegł w znakomitym nastroju... Dwadzieścia kijów spadło mu na głowę, czterdzieści sabotów kopnęło go w siedzenie i w rowie, przygotowanym dla swego zięcia, oddał ostatnie tchnienie hieny o ludzkiej twarzy.

TRZY SŁÓWKA I TRZYDZIEŚCI DUKATÓW

Pewnego razu żył sobie zacny wieśniak, który dla pomnożenie swoich dochodów trochę się zajmował handlem. Pewnego dnia schował trzydzieści dukatów do sakiewki i wyruszył do miasta po sprawunki. Po wyjściu z lasu, w którym zabłądził, znalazł się na rozstajach i zapytał o drogę pierwszego napotkanego przechodnia. Ten zaś odpowiedział mu:

– Znam drogę, ale jedno moje słowo kosztuje dziesięć dukatów.

„Do kroćset – pomyślał wieśniak – słowo, które kosztuje dziesięć dukatów, nie może być słowem, które słyszy się każdego dnia. Cóż ma znaczyć ten żart? Człowiek ten wygląda na przebiegłego, założę się, że kryje się w tym jakiś fortel. Co tam! Dziesięć dukatów mniej lub więcej dla takiej grubej ryby jak ja to nic takiego. A zresztą, nigdy nie wiadomo."

– Oto pieniądze, przeliczcie je nie spiesząc się, sprawdźcie, czy wszystko jest w porządku. A teraz powiedzcie mi, co macie do powiedzenia.

– To bardzo proste. Droga, która znajduje się przed wami i która jest zupełnie prosta, doprowadziłaby was do miasta tego samego dnia. Idąc drugą, okrężną, przybędziecie do miasta dopiero jutro. To na pewno najlepsza droga. Dorzuciłbym jednak jeszcze jedno słówko, tylko że kosztuje to znowu dziesięć dukatów.

– Niech Pan mówi, ale czy nie przesadzacie, ojczulku. Wyglądacie na diabelskiego spryciarza... Macie, bierzcie, wiem, że to głupie, ale mam słabość do ludzi waszego zawodu; jesteście czarownikiem, prawda?

– Może tak, może nie... W życiu wystarczy trochę serca i rozumu. Dobrze, niech będzie. Jeżeli kiedykolwiek, przybywając do oberży, zauważycie, że oberżysta jest stary, a gospodyni młoda, to radzę wam, nie zatrzymujcie się tam. To nie miejsce dla takiego człowieka jak wy. Miałbym jeszcze coś do powiedzenia wam na ucho...

– Dalibóg, ponieważ tak się mają sprawy, oto jeszcze dziesięć dukatów i niech was aniołowie zawstydzą.

– Przede wszystkim nie unoście się, ponieważ chodzi tu właśnie o tę wadę. Kiedy poczujecie, że wzbiera w was, wypuśćcie tylko jej połowę, zachowując resztę na następny dzień.

– To, co mówicie, nie jest takie głupie... Tylko że nie mam już ani grosza i muszę wrócić do domu, zamiast udać się do miasta. Ale mimo wszystko nie mam żadnej urazy.

– Jeszcze czego! Tylko tego by brakowało. Będziecie mnie wspominali z wdzięcznością. Idźcie.

Wieśniak powrócił do domu, opowiedział o swojej przygodzie żonie i usłyszał, że jest rozrzutnikiem i nicponiem. „Co tam! Niech będzie. Czas pokaże" – pomyślał sobie człowiek.

Mija tydzień i oto kupiec z sąsiedniego miasteczka zatrzymuje się przed gospodarstwem z dwoma wielkimi wozami naładowanymi towarem. Woźnica, który powoził drugim wozem, spadł z kozła z powodu gwałtownej kolki. Położono go na materacu na strychu, a wieśniak powiedział, że zastąpi go za trzydzieści dukatów. Dobito targu i w drogę! Po godzinie dwaj mężczyźni zatrzymują się u rozstajnych dróg. Kupiec nie zna drogi.

– Żeby dojechać dzisiaj, trzeba jechać tą drogą; żeby dojechać jutro – tamtą. Ale lepiej dojechać dopiero jutro; będzie się wtedy starszym i mądrzejszym o jeden dzień.

– Mam sprawy nie cierpiące zwłoki, wybieram krótszą drogę – powiedział kupiec.

– A ja dłuższą albo opuszczam was i wracam do domu – odezwał się wieśniak.

Wieśniak trafił do oberży około południa. Kupiec, który połamał osie na prostej drodze, dotarł do niej dopiero o zmroku. „Warto było zapłacić dziesięć dukatów" – pomyślał przyjaciel czarowników.

Właścicielem oberży był starzec, mąż młodej spryciarki. Kupiec chciał tam spędzić noc, ale wieśniak, któremu mądrość pierwszej czarodziejskiej rady przypomniała o drugiej, powiedział stanowczo; że sam Diabeł nie potrafi go tu zatrzymać! Pojechał więc szukać innego schronienia. Chwilę potem oberżysta poszedł do wsi trochę pogawędzić. Korzystając z tego do oberżystki przyszedł młody kawaler. Stary rogacz wrócił wcześniej niż zwykle, zastał. gacha w łóżku swojej żony; wbił mu w brzuch długi na łokieć nóż kuchenny i już zimnego położył na wozie kupca. Kupiec wstał o świcie, znalazł trupa i zaczął głośno krzyczeć. Zbiegła się cała wieś.

– Tak, tak, to nikt inny tylko wy zabiliście go, to bardzo proste, do diaska! Przyszedł w nocy, żeby ukraść wasz towar, złapaliście go na gorącym uczynku i oto wynik – krzyczeli ludzie.

Nieszczęśnika zaprowadzono do więzienia, a towar, konia i wóz sprzedano na licytacji.

Tragiczna wiadomość rozeszła się po całej okolicy lotem błyskawicy. Gdy tylko dotarła do uszu wieśniaka, zawrócił on konia i przyjechał do domu z bogatym łupem. Otworzył drzwi... i w ramionach własnej żony znalazł grenadiera z gwardii Wielkiego Księstwa. Chwycił kuchenny nóż i już miał się rzucić na parę, która nie dostrzegła jego wejścia, kiedy przypomniało mu się trzecie zalecenie człowieka z rozstajów. ,,Dałem dziesięć dukatów za receptę na złość, chcę mieć coś za me pieniądze... Noc daje rady. Idźmy spać'' – pomyślał wieśniak. Nadszedł ranek i pierwszą osobą, którą zobaczył i ściskał, był przystojny wojskowy z wczorajszego dnia, w którym rozpoznał swego syna, drogiego pieszczoszka; wrócił on z wojska, uszczęśliwiony, że wreszcie będzie mógł na nowo podjąć pracę u boku swego ojca.

– No i co, matko, czy będziesz mnie jeszcze uważała za nicponia i rozrzutnika? Czy nie miałem racji płacąc trzydzieści dukatów za trzy słowa zawierające tyle mądrości? – powiedział wieśniak.

KSIĄŻĘ I NIEWIERNY SŁUGA

Był sobie pewnego razu królewski syn, który miał na imię Jonas. Marzył tylko o podróżach i przygodach i ciągle przypominał o tym ojcu, który mu stale odpowiadał:

– Poczekaj, mój synu, aż będziesz miał dwadzieścia lat.

Nadszedł wreszcie ten tak niecierpliwie oczekiwany dzień. Dostojni rodzice pobłogosławili syna i wybrali mu na towarzysza podróży syna jego mamki, skończonego łajdaka i głupca, który potrafił jednak wywrzeć dobre wrażenie na Dworze swoimi bredniami, błędami językowymi i innymi niesmacznymi żartami, nie mówiąc już o wydawanym przez niego ryku, który dochodził aż do lochów zamku. Młody książę odezwał się do autorów swoich dni:

– Miejcie się dobrze, tato i mamo, niech Bóg ma was w swojej świętej i godnej opiece. – Następnie pocałował ich obojga i wraz ze swoim nieokrzesanym sługą zniknął za zakrętem drogi.

Przy końcu dnia dostrzegł na skraju lasu orła, który przygotowywał się do skoku na gołąbkę. Królewicz chwycił strzelbę, strzelił i trafił drapieżnika.

– Wielkie dzięki, szlachetny kawalerze – zagruchała gołąbka. – Uwolniłeś mnie ze szponów okrutnego czarodzieja, który zmienił się w drapieżnika, aby rozedrzeć mnie na sztuki. Jestem córką Niewidzialnego Rycerza i mój ojciec będzie ci bardzo wdzięczny za to, co zrobiłeś dla mnie. Jeżeli kiedykolwiek znajdziesz się w złym położeniu, powiedz tylko: ,,Do mnie, Niewidzialny Rycerzu'', i zaraz pojawi się przed tobą, aby ci pomóc.

Po tych słowach gołąbka odleciała, a dwaj młodzi ludzie pogalopowali.

Po licznych, podobnie banalnych przygodach, od których opowiadania kronikarze czują się zwolnieni po opowiedzeniu pierwszej, i których nie chcieli oni zamieścić w swoich zapisach, pewnego pięknego poranka nasi podróżni obudzili się w środku wielkiej pustyni, ciągnącej się bez końca. Zmęczony pragnieniem Książę rzucał się raz na lewo, raz na prawo, bezskutecznie szukając najmniejszego śladu wody. Ale wierzchowce, które cierpiały pragnienie podobnie jak ich panowie, wreszcie znalazły to, czego ci ostatni szukali na próżno; oczywiście nie dlatego że były od nich zręczniejsze, ale dlatego że instynkt zmusił je, by wbrew woli dwóch żółtodziobów pojechać prostą drogą, zamiast zataczać eleganckie i niepotrzebne kręgi. Dojechali zatem, drogą słusznie cenioną przez geometrów, do bardzo głębokiej studni. Młody Pan rozkazał słudze, by ten zszedł do niej i przyniósł mu wody w swojej czapce lub w kapturze; nie wiadomo bowiem dokładnie, czy zdarzenia te działy się w dziewiętnastym, czy w siedemnastym wieku. Zuchwały i przewrotny syn mamki odpowiedział na to, śmiejąc się szyderczo:

– A kiedy będę na dnie, szlachetny Panie, kto mnie stamtąd wyciągnie? Może Pan? Aby mnie lepiej wykarmić, moja matka powierzyła mnie dziewce dużo silniejszej niż ona sama, to znaczy mlecznej krowie, której ryk słychać było na milę nawet w czasie burzy wśród hałasu piorunów. A jaka ona była uparta i narowista! Piłem więc, na Bachusa, dobre mleko. Niech więc pan spojrzy na mnie z przodu i z tyłu, ani odrobiny tłuszczu, same mięśnie. Ponieważ jestem silniejszy, więc Pan zejdzie i to jak najprędzej. Niech Pan spojrzy na te muskuły dziecka mamki i wychowanka krowy, a zwłaszcza na te bicepsy. Dalej, hopla!

Dziedzic korony, będący raczej dyplomatą, a nie wojownikiem, powiedział sobie w duchu: ,,Zapewne wolałbym być wśród podczaszych, ale to konieczność, a ponadto, czy zanurzenie w wodzie uwłacza godności następcy tronu?''. Zszedł zatem dosyć żwawo jak na syna królewskiego, napił się z rozkoszą i po napełnieniu bukłaka wodą dla sługi i koni pociągnął za linę, aby zawiadomić łobuza, że może go wyciągać. Ale nicpoń, wychyliwszy ohydną głowę zza cembrowiny studni, odezwał się wystękując te oklepane frazesy, których niewątpliwie nauczył się na jakimś zebraniu:

– Obywatelu, od kołyski żyjecie jak pączek w maśle, nie mając innych zasług, niż dość wątła zasługa, że jesteście synem waszego ojca, Króla, lub być może jedynie Królowej, waszej matki, co, sami przyznacie, nic nie znaczy wobec cnót deputowanego lub radcy miejskiego. Otóż, co mówi bóg Rozum? ,,Zejdź stąd, bym tam wszedł'', no nie? A więc wyciągnę was ze studni dopiero wówczas, gdy podpiszecie mi list, na którym będzie, że to ja jestem dziedzicem tronu Jonasowego.

Nieszczęsny Książę wykonał to, co mu rozkazał zdrajca. Po wyjściu ze studni zamienił swoje ubranie na ubranie sługi. Tego samego wieczoru następca tronu, który stał się służącym, i sługa przemieniony w następcę tronu, przeszli przez pustynię i zapukali do bramy wspaniałej rezydencji królewskiej.

Uzurpator pobiegł natychmiast do obcego władcy, gospodarza, i wygłosił do niego długie przemówienie, którego tylko najważniejsze fragmenty tu zamieszczamy:

– Między równymi, mój Panie Bracie, nie trza się krępować, no nie? Tam gdzie wstyd, nie ma przyjemności. A teraz powiem, co mnie sprowadza. Macie, jak wiadomo, mój Panie Bracie, *et cetera*, córkę piękną jak dzień. Mój wysłannik, który ją zobaczył i który jest naszym poetą-laureatem, napisał o niej cały sonet, o niej z koralowym nosem, oczyma jak miód i mleko, uszami jak lilia i róże, i nie wiem, co jeszcze. Krótko mówiąc, muszę ją mieć natychmiast albo bezzwłocznie wypowiadam wam wojnę. Wiecie, kim jestem, bo drżycie ze strachu. Powiedziałem.

Nieszczęsny Król był tak oszołomiony, że nie czekał na ministra spraw zagranicznych, aby odpowiedzieć na to ultimatum.

– Mówiąc prawdę, Wielmożny Panie, nie oczekuję zbyt wiele od metod nowej dyplomacji. Pragnę wierzyć, że jest to język najmodniejszy w Wersalu, ponieważ wasze kraje są mniej oddalone od departamentu Seine-et-Oise. Niemniej wasze słowa wzruszyły mnie, gdyż widać w nich zdrowie i uczucie. Dam wam rękę Infantki Aldony, ale będziecie musieli zaczekać dwa lata, ponieważ zaledwie dziesięć razy moi poddani świętowali rocznicę jej urodzin. Mój sekretny wysłannik znajduje się obecnie przy Radży Mazulipatamu. Jednakże, żeby zawrzeć korzystny pokój z tym monarchą, należy zadać mu decydujący cios.

– Ja mu go zadam, i to prosto w mordę – wyjąkał Jego Królewska Wysokość, adoptowany syn narowistej krowy rasy bretońskiej. – Pójdę, zobaczę, zwyciężę.

Fałszywy następca tronu biegnie do stajni do prawdziwego następcy i w dwóch słowach mówi mu o wszystkim. Tamten zdejmuje natychmiast swoje ubranie, wkłada ubranie sługi, czyli swoje, zbroi się od stóp do głów, dosiada rumaka i galopuje na nieprzyjaciela, który rozbił obóz pod murami zamku. Przed atakiem na naczelnego dowódcę sił Radży Królewicz woła:

– Do mnie, Rycerzu Niewidzialny! – Rycerz jest już przy nim. – Uratowałeś życie gołębiowi, nie wiedząc nawet, że ten ptak to moje dziecko. Ubrany w biały atłas, jak biskup, wyciągam mój miecz Różokrzyżowca i pasuję cię na rycerza. Gorzej, jeśli Fryderyk Wielki wykpi mnie w ,,Wiadomościach Wojskowych''. A teraz wstań i naprzód!

Wkrótce wojska Radży zaczynają uciekać i zatrzymają się dopiero pod murami Mazulipatamu.

Tymczasem ukryta w żłobie córka Króla podsłuchała nie tylko rozmowę następców, w której było dużo aluzji do bileciku napisanego w studni, ale ponadto, podczas zamiany ubrań, zachwyciła się delikatną budową ciała prawdziwego księcia, tak elegancką w porównaniu z byczą budową ciała uzurpatora. Pobiegła do Króla, swego ojca, wyjawiła mu wszystkie ciemne machinacje i chowając swoją uroczą buzię w wielkiej wstędze Orderu Świętego Arnulfa wyznała ojcu szczere uczucie, jakie wzbudził w niej prawdziwy narzeczony.

Król, ośmielony bardzo zwycięstwem Niewidzialnego, sobie przyznawał w duchu całą zasługę uważając je za zwycięstwo własnej dyplomacji, zwycięstwo tym przyjemniejsze, gdyż ani jego kochanka, ani ministrowie nie mogli się pochwalić, że mają w nim chociażby najmniejszy udział. Dźwiękiem własnej trąby kazał wezwać wszystkich mieszkańców zamku i gdy tylko zebrali się w jasnoczerwonej sali tronowej, rozkazał – za pośrednictwem herolda – fałszywemu następcy pokazać papiery.

– Muszą być zgodne z prawdą – dodał zręcznie – bo pochodzą ze studni.

Niewierny sługa rzucił zuchwale bilecik na stopnie tronu. Herold podniósł go, uderzył trzykrotnie halabardą w płytę z kararyjskiego marmuru i stentorowym głosem przeczytał, co następuje:

– ,,Pozdrowienia wszystkim obecnym i tym, którzy przyjdą. Posiadacz tych papierów, który nie jest w stanie ich przeczytać, gdyż jest niepiśmienny, jest synem naszej Pani mamki. My zaś, którzy daliśmy je temu łajdakowi, jesteśmy prawowitym Dziedzicem tronu Hiperborei. Sporządzono w studni, tego i tego dnia, tego miesiąca, tego i tego roku. Jonas".

Prawdziwy książę poślubił Aldonę dużo wcześniej, niż minął termin wyznaczony przez jej królewskiego ojca. Od czasu sławnego wydarzenia w stajni Infantka wzdychała ciągle, odrzucając z pogardą ozdoby, w które ją ubierano, aby rozwiać jej wapory. Klejnotem największym w świecie był dla niej ten klejnot, który powoduje błysk oczu pań w powieściach Pana Aroueta Voltaire'a.

Czas, nieubłagany czas, pogrążył w zapomnieniu zdarzenia i bohaterów tej bajeczki. Taka jest jednak trwałość wytworów ducha, że jeszcze w naszych czasach widzi się panów obsypanych zaszczytami, którzy uśmiechają się skrycie w salonach polityków i w kancelariach, cytując powiedzonko, do którego natchnął ojca Aldony sławetny bilecik.

DWAJ BRACIA

Pewnego razu żył sobie poczciwy rolnik, który był uważany przez sąsiadów za wzór wszystkich cnót i który w trosce o przedłużenie tej wspaniałej reputacji w swojej rodzinie starał się ukształtować umysły i serca dwóch synów zgodnie z zasadami, które kiedyś kierowały jego wykształceniem. Kiedy zamknął oczy, dzieci podzieliły między siebie majątek i nie opuściły domu ojcowskiego. Jednakże po kilku latach spokojnej i pracowitej egzystencji starszy syn poślubił pewną dobrą istotę zupełnie bez pieniędzy, ale obdarzoną wieloma przymiotami ducha. Młodszy syn poszedł wkrótce za jego przykładem, ale żona wniosła mu w posagu łąki i uprawne pola, trzysta sztuk bydła oraz duży majątek w gotówce. I tak dwaj bracia, połączeni najmocniejszymi więzami przyjaźni, zaczęli żyć oddzielnie.

Młodszemu wszystko udawało się wspaniale. Z każdym rokiem stawał się coraz bogatszy, podczas gdy starszy biedniał z dnia na dzień do tego stopnia, aż wpadł w zupełną nędzę. Jego chata stała się wkrótce ruderą, spichlerze opróżniły się z zapasów, a ponieważ nie miał pieniędzy na zakup ziarna, musiał oddać w dzierżawę swoją skromną ojcowiznę. Pozostał mu tylko mały ogród warzywny, którego nie uprawiał, ponieważ nie miał narzędzi.

Bardzo przybity i nieśmiały z natury poszedł jednak pewnego ranka zastukać do drzwi swego brata i poprosił, by dał mu on parę wołów i wóz i w ten sposób zaoszczędził mu wstydu żebrania. Bogacz przyjął go bardzo czule, skrzyczał łagodnie, że tak długo nie odzywał się i ze łzami w oczach poprosił go, żeby poszedł natychmiast na farmę i zabrał stamtąd wszystkie przedmioty, jakich brakuje mu w domu.

Mimo skrupułów biedak nie kazał sobie tego dwa razy powtarzać. Ale gdy przechodził obok obór, zaczepił go wielki, zdrowo wyglądający parobek, którego policzki były czerwone i błyszczące a odświętny strój dziwnie kontrastował z widłami, które trzymał w białych, tłustych rękach.

– Dokąd idziecie? – spytał parobek.

– Po woły, które podarował mi twój pan – odpowiedział biedak.

– Ha, dobry żart! I sądzicie, że się na to zgodzę?

– Kim jesteś, że nie słuchasz rozkazów swego gospodarza?

– Kim jestem? A zatem nie przyjrzeliście mi się? Do diabła, jestem jego Szczęściem.

– Aha! Ponieważ jesteś jego Szczęściem, to może mógłbyś mi powiedzieć, gdzie jest moje własne Szczęście?

– Jasne że tak. I jest ono niedaleko, ale trzeba mieć nosa i potrafić je znaleźć, a ponadto traktować je tak, jak na to zasługuje. Czy widzicie tę kępę drzew, o tam? Idźcie tam, znajdziecie je u stóp starej brzozy. Wasze Szczęście to trujący grzyb zupełnie do niczego, to muchomor, jak go zwie bez ogródek Ksiądz Proboszcz. Ale jeżeli uderzycie go mocno kijem w mięsistą część nogi, która, za waszym pozwoleniem, jest jego siedzeniem, wyleci on w powietrze i spadnie w postaci wielkiego chłopa, w czerwonej marynarce z wielkimi białymi guzikami.

I parobek wybuchnął śmiechem, rycząc jak wół i bijąc się po bokach, jak to robią gęsi podczas karmienia.

Jego melancholijny rozmówca pobiegł jak strzała w kierunku kępy drzew nie troszcząc się nawet o piękny podarunek, który otrzymał.

– Poczekaj trochę – mamrotał blady ze złości, ściskając kij. – Pokażę ci, gdzie raki zimują.

Muchomor pod srebrzystą brzozą gapił się obłudnie, otoczony rojem owadów, które spoglądały na niego drwiąco i strzegły się, by nie usiąść na jego szkarłatnym kaftanie. Mocny cios kijem wyrzucił go w powietrze i zakręcił szelmą, który nagle zmienił się w wielkiego draba ubranego w oślepiająco błyszczącą liberię.

– Łajdaku! – krzyczał jego nędzny pan – podczas gdy biedne Szczęście mojego brata przewraca mąkę i nawóz oraz niebo i ziemię, aby napełnić jego spichrze i sakiewkę, ty spędzasz swój czas na wymianie sprośnych dowcipów z muchami!

– A czyja to wina, ty głupcze – odpowiedział leśny truciciel, podczas gdy poczciwy wieśniak wytrzeszczał szeroko oczy, opierając się rękoma na kiju. – Tak, powtarzam, czyja to wina? Czy sądzicie, że ja, który w dawnych istnieniach żyłem na Dworze Mitridatów i Borgiów – czy wiecie chociaż, kim byli? – będę służył biednemu, niewinnemu chłopu, który uprawia kapustę, rzepę i dynie?

– Cóż zatem, dobry Boże, mam zrobić, żeby zaskarbić sobie wasze względy? – zamruczał osłupiały właściciel ogródka warzywnego.

– Co macie zrobić? Ależ zastanówcie się nad sobą i powiedzcie mi, czy wasz los nie jest jasno zapisany. Co macie zrobić? To bardzo proste: wasze Szczęście wymaga, żebyście zostali sklepikarzem w pobliskim mieście, aby truć poczciwych ludzi! – I zbrodniarz, zwykle milczący ze względu na lenistwo ciała i umysłu, aby łatwiej oddychać rozpiął swój kaftan piekielnego koloru, z którego spadła na trawę para wielkich, źle przyszytych guzików z masy perłowej.

Pechowy wieśniak wesoły wrócił do domu i przedstawił żonie szkarłatnego demona, mrucząc:

– Rubikon, jak to powiedziano dawniej, został przekroczony, kości rzucone, tym gorzej dla klienteli.

Następnego dnia sprzedano skromny ogród warzywny i wkrótce cała rodzina, poprzedzana przez niosącego Szczęście subiekta sklepowego udała się do miasta, gdzie czekał na nią nowo kupiony sklep, na którego bardzo oryginalnym szyldzie widniały, napisane wielkimi czerwonymi literami w białe kropki, te proste słowa: „Artykuły spożywcze". Zaledwie karawana przebyła dwadzieścia kroków, kiedy jej przewodnik, nowy kupiec, usłyszał płaczliwy pisk w kieszeni swego surduta. Włożył tam rękę i wyciągnął z niej malutką postać, której ubiór i fizjonomia do złudzenia przypominały polnego szczura.

– Z kim mam zaszczyt?

– Niestety, jestem waszym Nosicielem Nieszczęścia, Panie. Nie wyganiajcie mnie, tak bardzo przywiązałem się do was, tak mi dobrze u was...

Kupiec bez słowa zawrócił do drzwi swej chaty, wykopał dziurę pod progiem i zakopał żywcem swoją szkaradną, nędzną przeszłość rolnika.

Już po kilku tygodniach skromny sklep kolonialny stał się najbardziej znanym sklepem w bogatym i sławnym mieście. Oprócz „ersatzy", które od świeżo pomalowanej podłogi do sufitu w pudełkach o różnobarwnych etykietkach ozdabiały wypchane półki, wszystko pachniało uczciwością i świeżością. Stoisko z rybami „wyszło" szybko na chodnik. Było to jedyne miejsce w sklepie, w którym klient, obdarzony intuicją, nie miał zawczasu mdłości, skurczów żołądka i zawrotów głowy. Obok muchomora, sprzedawcy o niezrównanej zręczności, wirowały obecnie roje panien służących, które z pewnością uważały go za „trującego", ale nadawały temu przymiotnikowi sens, jaki pojmą jedynie pionierzy zwiększania liczby ludności; powstrzymamy się od wyjaśnienia.

Pewnego dnia kupiec i jego geniusz rodzinny zobaczyli, że na progu sklepu pojawił się stary rybak, który nie był zwykłym dostawcą, niosący w ramionach wielkiego szczupaka. Po chwili targów potwór przeszedł z rąk starca w ręce muchomora, a następnie znalazł się pod nożem kupcowej, której urodziny obchodzono właśnie tego dnia. Gdy tylko otworzono brzuch rekina słodkich wód, wypadł z niego diament wielkości orzecha, we wszystkich kolorach tęczy i róży. Po pierwszych wzruszeniach cudowny kamień umieszczono na wystawie między flakonem szartrezy z Suaby a butelką bordo, pochodzącą prosto z Kaukazu. Po ośmiu dniach kupił go bogaty bojar Silbersteinas, a suma ze sprzedaży, której część użyto do powiększenia firmy i utworzenia filii w Memelu, sprawiła, że dawny wygłodniały rolnik stał się wkrótce wielkim kupcem, którego majątek trudno było wycenić w dolarach i funtach na rynkach zamorskich. Niektórzy zazdrośni widzieli w jego osiągnięciach jedynie grę ślepej fortuny. Aby dać im poznać miarę swych prawdziwych zdolności, wystarczało, żeby kupiec zakończył lub rozpoczął jakiekolwiek zdanie słowami: „handlowo mówiąc", albowiem wymawiał je z taką godnością, że zwiodłyby one samego Merkurego. Słowa te wypływały z jego ust jak wielkie bele towarów, a mentorski ton sprawił – tak jak jego bogactwo – że podniesiono go do godności starszego cechu kupców.

Zaledwie od miesiąca spełniał on te wysokie funkcje, gdy jego cech wezwał go do osądzenia własnego brata, oskarżonego o to, że rzucił na miejski rynek wielką ilość lnu, przygotowanego niezgodnie z przepisami. Starszy cechu odwiedził w więzieniu biedaka, ofiarę oszustwa zarządcy, wykupił po bardzo wysokiej cenie sfałszowany towar i aby pocieszyć oraz zrehabilitować brata w oczach współobywateli, uczcił jego powrót do domu ucztą, na którą zaprosił wszystkich notablów. Po powrocie do domu rolnik opowiedział spiesznie swojej żonie o przykrej przygodzie, jaka go spotkała, a także o cudownej zmianie, jaka zaszła w położeniu jego brata. Jego żona, wychowana w dostatku, w rodzinie, która nie zaznała nigdy zmiennych kolei fortuny, patrzyła bardzo złym okiem na powodzenie innych i pod przesadnym, wpajanym jej w dzieciństwie przywiązaniem do zasad moralnych, ukrywała bardzo silne skłonności do obmowy i zazdrości. Mąż od dawna znał tę złą stronę jej charakteru. Aby rozwiać jej podejrzenia, opowiedział o tym, co zaszło między jego bratem a małym przynoszącym szkodę czarownikiem o szczurzej twarzy. Biedna istota, znakomita żona i matka, była rozumna i pobożna. Dała się jednak ponieść swym złym skłonnościom i pobiegła do chatki, w której dawniej mieszkał jej szwagier. Kilka uderzeń łopatą wystarczyło na to by zwrócić wolność złowrogiemu gryzoniowi, który od lat zanudzał się w dziurze. Gdy tylko zobaczył światło dzienne, zagwizdał cicho, zdjął futrzaną czapkę, wytarł łzę, która ze wzruszenia spłynęła z jego kaprawych oczu i tymi słowy podziękował oswobodzicielce:

– Mam wiele wad, o Pani, wyznaję to, nie ma jednak na kuli ziemskiej istoty bardziej wdzięcznej i wierniejszej niż ja. Będziecie mieli we mnie najbardziej oddanego sługę: wierzcie mi, wasza ruina i ruina waszego męża jest zapewniona. Możecie więc już teraz pożegnać się ze wszystkim, co było radością i szczęściem na tym świecie. Daję wam mniej niż dwa miesiące, abyście zasłużyli na współczucie istoty najbardziej nieszczęśliwej i najbardziej pogardzanej na ziemi. Jeśli chodzi o wasze dzieci, to nie potrafię wpłynąć na ich los; będą zarabiały na chleb w pocie czoła.

Z przykrością zawiadamiamy czytelnika, że ta złowroga przepowiednia sprawdziła się dosłownie.

HISTORIA PODRÓŻNIKA, KTÓRY ZAMORDOWAŁ SWEGO TOWARZYSZA

Dwaj biedacy wędrowali w poszukiwaniu pieniędzy i czegoś do zjedzenia. Pewnego upalnego dnia zatrzymali się nad brzegiem strumyka, zaspokoili pragnienie, a następnie położyli się w cieniu wierzby. Jeden z podróżnych zaczął wkrótce bardzo głośno chrapać. Jego towarzysz, który nie mógł zasnąć, z braku innych zajęć zabawiał się obserwowaniem twarzy śpiącego, która wskutek oddychania nadymała się i zapadała w równych odstępach czasu. Nagle zauważył, że z jego nie domkniętych ust wyszła mała myszka krwistego koloru. Mimo zaskoczenia rzucił się na nią.

Zwierzątko przygotowuje się do przepłynięcia strumyka; on zaś robi mu mostek ze swej szpady, mały chochlik wchodzi nań, dostaje się na drugi brzeg i kieruje w stronę dużej pryzmy kamieni, gdzie znika. Bardzo zaintrygowany podróżny siada w pewnej odległości od kamieni i widzi, że wkrótce czerwony czarownik opuszcza swoje schronienie i zawraca w kierunku strumienia. Tam podaje mu na nowo szpadę, myszka unosi grzecznie czapkę i biegnie co sił, aby ukryć się w ustach swego pana. Ten zaś budzi się i opowiada przyjacielowi sen, jaki mu się przyśnił.

– Wracam ze świata cudów, mój stary; jeszcze teraz jestem zdumiony z tego powodu. Co za nadzwyczajna podróż! Przybywam na brzeg rzeki i przechodzę przez nią mostem, który błyszczy jak słońce i wydaje się, że nie ma końca. Na przeciwległym brzegu wznosi się wspaniały pałac. Wchodzę do środka i przy końcu długiego korytarza odkrywam stos złota. Nie dotykam go, wracam drogą, którą przyszedłem i...

– I ty odnajdujesz tę samą rzekę, ten sam błyszczący most i docierasz, nieprawdaż, do miejsca, w którym się znajdujemy. Wszystko to, na Boga, jest bardzo dziwne, ponieważ znam twój sen, jakby się mnie przyśnił. Wstań i chodź za mną.

Dwaj towarzysze przechodzą przez strumyk, podnoszą kolejno wielkie głazy, drążą przez chwilę ziemię, na której spoczywały kamienie, i znajdują garnek pełen złota. Zanoszą go w zarośla, ale zaledwie zaczynają dzielić złoto, człowiek, który widział myszkę w akcji, poczuł, że w jego piersi odezwał się demon chciwości. Skarb był tak duży, że rozliczenie się zajęło im wiele godzin. Zbliżała się noc. Postanowili ją spędzić w lasku. Zaledwie biedak zaczął chrapać, kiedy szpada towarzysza zagłębiła się w jego sercu, zabarwiając się na czerwono, jakby po przejściu diabolicznego gryzonia.

Żebrak, który stał się właścicielem skarbu, był teraz grubą rybą i posiadał w wielkim mieście fabrykę przemiału kości. Będąc zbyt bogatym, by pracować, przy końcu dnia zadowalał się kontrolą ksiąg handlowych i wsiadał do wspaniałej karety zaprzężonej w cztery konie. Po kilku latach życia, które porównywał ze snem, zupełnie zapomniał o początkach własnej fortuny. Otoczony szacunkiem i poważaniem wszystkich, miał wielkie mniemanie o swoich zasługach i myślał już tylko o uszlachceniu, tancerkach w operze i o pałacu w Wilnie.

Pewnego dnia brak kości zmusił go do wyjazdu w celu zaopatrzenia się w nie, bez względu na cenę. Zabrał ze sobą pieska, którego lubił tak, jak to czynią parweniusze, a także niektórzy artyści dziesiątego rzędu, to znaczy o wiele bardziej za rzadkość rasy lub urodę, niż za wdzięk i inteligencję, godne mniej obrzydliwej planety. Pies czuł to i śmiał się w swoją spiczastą i siwawą brodę. Przez pewien czas jechali wzdłuż Niemna, rzeki, która w tej okolicy przepływa przez jedno z najbardziej malowniczych miejsc na świecie, a następnie, nieco przed zachodem słońca, wjechali w zarośnięty las, w którym jesiony i brzozy czule splatały swoje jesienne liście. Piesek węszył niespokojnie. Woźnica wydawał się być pogrążony w głębokiej zadumie. Zagłębiony w bogatej pelisie z wydr, włóczęga-zabójca, który stał się uczciwym burżujem, czerwonym na twarzy i otyłym, ssał spokojnie grube cygaro tkwiące aż po sam koniec w gębie o grubych wargach. Nagle pudel zaczął ujadać, skoczył ponad błotnikiem i jak strzała pomknął w gęstwinę. Woźnica zatrzymał konie, ciężko zsiadł z kozła i poszedł zobaczyć, co tak bardzo zaciekawiło psa.

Ten zaś zatrzymał się przed kilkoma starymi kośćmi i ujadał z wściekłością. Woźnica wrócił i powiedział swemu panu o odkryciu.

– Popatrz, popatrz, kości. Przywiąż konie do drzewa i pokaż mi drogę.

– Są już całkiem zielone. Bez wątpienia leżą tu już od lat; weźcie i spójrzcie sami.

Pan bierze kość, którą podaje mu fiakier. Zaledwie jednak jej dotyka, kość ramienia z zielonej staje się czerwona jak żar. Zdenerwowany oddaje ją woźnicy i melancholijny przedmiot wkrótce powraca do dawnej barwy pleśni. Bogacz rzuca ukradkowe spojrzenie na okolicę. Czy to sen? Tutaj stara brzoza, tam zaś polana... Robi parę kroków. Tak, to tutaj: łąka i wstęga wody zabarwionej ostatnim promieniem słońca... Rzekłbyś szpada, po której ślizgała się – co? – czerwona myszka lub krew?

„Hm, zdarzyło się to przed dwudziestu laty, czyli jakby nigdy tego nie było...” – przypomina sobie bogacz.

– Weź je, pospiesz się... Nie, raczej nie, wyrzuć je. To na pewno nie czary, to powinno być zjawisko fosforescencji, ale wolę, żeby zostały tu, gdzie są – dodaje.

I dwaj ludzie powrócili do wozu.

Następnego dnia woźnica, który miał duszę artysty, szybko rozgłosił przygodę, wzbogacając ją o kilka szczegółów, które z prostego przejścia zieleni w czerwień utworzyły gamę barw tęczy. Wieść o pojawieniu się szkieletu-arlekina obiegła teraz na dziesięciu tysiącach ust sto kabaretów miasta i okolic. Obiegła tak dokładnie, że sześć miesięcy później znakomita policja Jego Jaśnie Oświeconej Wysokości zaczęła coś podejrzewać. Sporządzano kolejne raporty, robiono ankiety i w wyniku tego godnego szacunku pośpiechu przy końcu roku władze mogły odwiedzić miejsce tego zdarzenia w obecności pana, woźnicy i psa. Dzięki temu ostatniemu kości odnaleziono bez trudu. Jeden z policjantów, dawny złodziej grobów i wampir, rozpoznał je bez trudu.

– Niech Pan, drogi Panie, weźmie to do ręki – rzekł nagle komisarz, zwracając się do bogacza...

Oczywiście kość szybko zmieniła zabarwienie z zielonego na czerwone, podczas gdy purpurowa twarz oskarżonego zmieniła barwę z czerwonej na zieloną...

Biedak był na tyle mądry, że na miejscu złożył kompletne zeznania, co wkrótce pozwoliło mu zapomnieć na końcu sznura o biedzie i bogactwie, o szacunku i nikczemności, o radości i bólu, i o reszcie. I o całej reszcie.

HISTORIA SZEWCA, KTÓRY SZANOWAŁ SWOICH RODZICÓW

Pewnego razu żył sobie bardzo bogaty i szlachetny starzec, o którym jednak nie mówiono nigdy w sąsiedztwie bez pukania się znaczącym ruchem w czoło, niewątpliwie wskutek pewnej dziwaczności, jaką było widać w jego stroju i słowach. Poczciwy człowiek, który był przyjacielem samotności i książek, mieszkał nad rzeką i ze swego okna lubił patrzeć na swawole srok oraz wron, odbywające się na bardzo starej wierzbie, stojącej obok jego domu. Pewnego wieczora, podczas nowiu księżyca, napełnił kapelusz dukatami i wsypał je do starego wydrążonego pnia, mrucząc:

– Driado, Driado o srebrnych włosach, spraw, zaklinam cię, aby ten metal dotarł do jakiegoś dobrego człowieka, który szanuje ojca i matkę.

Pewien ukryty w lasku zbój o kruczych włosach i kruczej brodzie zauważył ten ruch i usłyszał te słowa. Przestraszyły go one tak bardzo, że zeskoczył z drzewa, na którym siedział, aby przykucnąć i... odetchnąć nieco u jego stóp, przysięgając, że nie ruszy skarbu, którego czuł się niegodny. Uspokoiwszy nieco sumienie, Brat Diavolas przeraził się czymś innym, ponieważ nagle zerwał się gwałtowny wiatr i stara, podwójnie obsypana srebrem wierzba – jeśli mogę tak powiedzieć – spadła do wody ze złowieszczym trzaskiem i pluskiem tysiąca wioseł. Na wiosnę stan wody był wysoki i drzewo popłynęło jak słomka.

– I mój los jest jak źdźbło – westchnął eufemicznie zbój i krzyknął:

– Kocham złoto, ale mam złote serce; słowem, na Rzeź Niewiniątek i Zniewagę siedemdziesięciu dziewic z Kolonii, jestem zbyt dobry i delikatny!

Wykrzyknąwszy te bluźnierstwa w swą długą brodę, dobry łotr zaczął iść za płynącym drzewem, ciekawy, gdzie się ono zatrzyma i kto będzie szczęśliwym odbiorcą pieniędzy niesionych w jego wnętrzu.

Szedł zatem przez całą noc z biegiem rzeki i kiedy Różanopalca Aurora pokazała się na niebie, zauważył, że drzewo zatrzymało się na filarze mostu, na którym było więcej poborców myta niż podróżnych. Gdy tylko owi poczciwi pracownicy, którzy nudząc się widzieli w najpospolitszym wydarzeniu niespodziewaną rozrywkę, zobaczyli płynącą wierzbę, chwycili długie żerdzie, aby przyciągnąć ją do brzegu i sprzedać; tego roku bowiem było mało drewna i kosztowało ono dużo. Prawie w tej samej chwili pojawił się na wozie szewc naprawiający buty przyjaciołom celników.

– Gdzie jedziesz? – zapytali wierni i skromni urzędnicy Jego Najjaśniejszej Wysokości, Wielkiego Księcia.

– Po drewno, dalibóg, bo bardzo zimno jak na tę porę roku – odpowiedział szewc,

– A więc, to się nazywa przybyć w dobrej chwili, spójrzcie na to, towar przybywa jednocześnie z kupującym.

Szewc, uszczęśliwiony gratką, która oszczędzała dobrą milę drogi jego koniowi, oczyścił na miejscu pień drzewa, załadował je na wózek i zawrócił. Zbój szedł za nim w pewnej odległości. Po powrocie do chaty szewc zaczął ciąć drzewo. Brat Diavolas przeszkodził mu w tej pracy prosząc o gościnę na noc. Konkurent

Boehme'a udzielił mu jej i właśnie wtedy, gdy mówił, że będzie kosztowała denara i dwa su, dwadzieścia wspaniałych dukatów, nie będących bynajmniej dziełem alchemika, wysypało się na ziemię, czarując oczy i uszy swoim widokiem oraz dźwiękiem.

– Spójrzcie na to – powiedział szewc – to znak z góry, nie ulega wątpliwości; dobry Bóg chce, żebym podzielił się tym podarkiem z wami.

– Powstrzymam się od przyjęcia nawet jednego z tych dukatów, które Niebo wam zsyła, aby wynagrodzić wasze cnoty. Macie żonę i dzieci, ja zaś jestem sam na świecie, a ponadto istnieje jeszcze inna sprawa... Krótko mówiąc, przyjmuję bezpłatną gościnę na noc, ale to wszystko. Mówi się, że szewc jest panem u siebie i wszystko, co znajduje, należy do niego.

I zaraz po wypowiedzeniu tych pięknych słów, pełnych rozumu i bezinteresowności, zbój, którego zła strona natury starała się zwyciężyć, stłumił w swoich straszliwych wąsach tysiące przekleństw pod adresem swojego interesującego rozdwojenia.

Po zakończeniu pracy szewc pobiegł kupić mąki, aby przynajmniej dobrym chlebem poczęstować gościa, który przyniósł mu szczęście. Ten zaś w czasie jego krótkiej nieobecności obejrzał pomieszczenia i wkrótce poczuł, że wielkie łzy płyną mu po gąszczu, okrywającym jego twarz lalki: przed kominkiem, w którym wesoło paliła się wierzba, para staruszków, o włosach białych jak śnieg i policzkach pomarszczonych jak obraz lub porcelana z dobrych starych czasów, ogrzewała się w milczeniu, trzymając się za ręce. Byli to ojciec i matka szewca... Zbój usprawiedliwił się przed nimi gorąco, a następnie powiedział komplement pod adresem ich dziecka.

Rozumiem teraz – powiedział do siebie – dlaczego pieniądze dostały się szewcowi. Na Boga, szanuję starych autorów swoich dni.

Wymruczawszy te słowa, zaczął przeklinać w myśli na wszystkie pioruny i wszystkie plagi stworzenia. Wkrótce powrócił szewc z mąką. Jego poczciwa żona zrobiła kilka dużych bochenków chleba, a w jeden z nich, przeznaczony dla brodatego podróżnego, gospodarz, który zdecydowanie obstawał przy swoim, włożył dyskretnie dziesięć dukatów. Po spędzeniu wspaniałej nocy i spożyciu bardzo obfitego obiadu, zbój z chlebem pod pachą poszedł z powrotem drogą wierzby „do siebie", jak to nazywał, mimo że jego domem była tylko pieczara, a przyjaciółmi wrony i kruki. Przy wejściu na most rozpoznali go urzędnicy pobierający myto, żądając opłaty, której nie uiścił poprzedniego dnia.

– Nie mam złamanego szeląga – brzmiała odpowiedź.

– Daj ten chleb i uciekaj.

Zostało to wykonane. Godzinę później szewc witał swoich przyjaciół w mundurach z galonami.

– Przepraszamy, wybaczcie, ale mamy tu chleb, który o wiele bardziej przyda się wam niż nam. Jesteśmy urzędnikami Jego Wysokości, a wy macie w domu starych rodziców i dzieciarnię. Weźcie, prosimy, nigdy nie ma się go za dużo...

W czasie kolacji szewc dzieli bochenek i znajduje w nim dziesięć dukatów, które włożył tam poprzedniego dnia.

AMATOR HISTORYJEK

Pewnego razu żyli sobie staruszek i staruszka, którzy kochali się czule od dobrych pięćdziesięciu lat. Ich przyjaźń zakłócały tylko wymówki, jakie żona czyniła mężowi, gdyż za bardzo lubił opowiadania, przy których można było zasnąć na stojąco. Było to tylko częściowo prawdą, ponieważ miał on zwyczaj czytać je lub słuchać ich, zarówno w lecie, jak i w zimie, położywszy się wygodnie na piecu. Pewnego wieczora spóźniony podróżny zastukał do drzwi chaty i został przyjęty na noc pod warunkiem, że wygrzebie ze swojej pamięci wszystkie wspomnienia i historyjki. Po kolacji dwaj mężczyźni weszli na obszerną budowlę z cegieł, jeszcze ciepłą po ostatnim wypieku, a staruszka usadowiła się na ławie z okularami, drutami i wełną.

Przy migotliwym świetle palącego się świerkowego polana, które trzaskało w kącie kominka, podróżny, nie pierwszej młodości, zaczął opowiadać o swym burzliwym życiu, wobec którego doświadczenia chytrego Ulissesa wyglądały jak dziewczynka z lizakiem. Stary słuchał z otwartymi ustami, stara podkreślała najbardziej niezwykłe momenty skinieniem głowy i cichym suchym kaszlem, który mówił wystarczająco dużo o przyznawa-

nej im wiarygodności. Od blagi do blagi i tak rozległo się pierwsze pianie koguta. Wtedy opowiadający zamilkł, rzucił ukradkowe spojrzenie na starca i po dosyć długim milczeniu zapytał go dziwnym głosem:

– Ojczulku, czy wiesz, kto obok ciebie leży na piecu?

– Czy wiem, oczywiście, bardzo łatwo to odgadnąć – odpowiedziała za swojego męża staruszka. – Diabelski kłamca, do diaska!

– Wcale nie. Za pozwoleniem, zupełnie pani nie trafiła, poczciwa kobieto, to Wilk.

Gospodarz podniósł głowę i poczuł na twarzy ciepły oddech, który zionął z najeżonej zębami paszczy. Zakrył obiema rękami brzuch.

– Nie bój się, mój malutki! Nasze siły są równe, spójrz na siebie, czyż nie stałeś się niedźwiedziem?

Stary spojrzał na siebie: zmienił się w niedźwiedzia, co do tego nie można było mieć żadnych wątpliwości.

– Posłuchaj, ojczulku, nie możemy zostać na tym piecu, to nie jest miejsce dla nas. Dalej, hejże, na pole, na pole! Tam, gdzie księżyc błyszczy poprzez listowie, i tam, gdzie wiatr hula na wrzosowiskach, ha, diabelski los! To się nazywa życie, to przynajmniej poezja! – I jednym skokiem, którym wyważyli drzwi, dwaj towarzysze ruszyli w otwartą przestrzeń.

Wilk zauważa konia należącego do starego.

– Chodź, zjemy go – wyje mu do ucha...

– Co! Zjeść mojego jedynego konia? Jesteś głupi, do diaska! – mruczy Niedźwiedź.

– Nie ma wyjścia – odpowiada Wilk.

Rzucają się na konia i pożerają go. Nieco dalej widzą starą kobietę.

– Wolałbym Czerwonego Kapturka, ale, gdy się nie ma, co się lubi, to się lubi, co się ma. Połknijmy babcię!

– Jak to! Czy nie widzisz, że to moja żona? – krzyknął Niedźwiedź.

– Nie przejmuj się tym i radzę ci, żebyś zrobił to samo – pocieszył go Wilk.

I z Wiekowej Damy nie została żadna kostka.

Zgubne dla innych zabawy dwóch towarzyszy trwały całe lato. Gdy Wilk poczuł, że zbliża się zima, odezwał się do Niedźwiedzia:

– Nadszedł czas, aby schować się w tej jamie. połóż się w głębi, a ja zostanę blisko wejścia. Kiedy odkryje nas myśliwy, wystrzeli do mnie. Ale wtedy, słuchaj uważnie, gdy zobaczysz, że nie żyję, przeskoczysz mojego trupa i od razu odzyskasz ludzką postać.

Niedźwiedź poszedł drzemać w głębi jamy i lizać sobie łapę, mrucząc. Wilk zwinął się w kłębek blisko wejścia. Cisza i zapach śniegu pogrążyły wkrótce obu przyjaciół w głębokim śnie. Nagle – pif – paf! – Wilk z sercem przebitym kulą odchodzi na spotkanie z mamką Remusa i Romulusa. Niedźwiedź budzi się, skacze przez trupa przyjaciela i, spadając z pieca – na szczęście dosyć niskiego – stacza się do nóg starej, którą hałas jego upadku wyrywa z ramion Morfeusza.

– Postrzelili mnie w siedzenie! – woła stary.

Istotnie, ta część jego ciała dotyka podłogi.

– Co się z tobą dzieje? – woła stara. – Przecież nie byłeś pijany.

Stary, będący jeszcze w trzech czwartych niedźwiedziem, przeciera oczy i opowiada żonie wszystkie swoje letnie oraz zimowe przygody, nie pomijając uczty, której przedmiotem była ona sama i biedny koń.

– Ty i podróżny chrapaliście na piecu przynajmniej przez godzinę, a ja spałam nie więcej niż dziesięć minut. Chodźmy, trzeba się położyć na dobre i zapomnieć o tych przeklętych bzdurach.

EZOTERYCZNA HISTORIA O RYBAKU, KTÓRY ODWIEDZIŁ NIEBO

Pewien Wielmożny Pan mieszkał w zamku położonym nad brzegiem wielkiej rzeki, w sąsiedztwie wielu jezior i stawów. Bardzo lubił ryby i miał na służbie starego rybaka, tak przyzwyczajonego do swojego zawodu, że w łódce, w towarzystwie haczyków oraz sieci, spędzał on wszystkie świąteczne dni, a niekiedy, przy blasku romantycznej latarni, większą część wielu nocy. Wodny starzec miał na imię Marcin i będąc słusznie dumny ze stanu, od dawna dziedziczonego w jego rodzinie, dokumentów podsuwanych mu od czasu do czasu przy dzierżawie lub w parafii nie podpisywał inaczej niż Marcin-Rybak. Jego zręczność i gadatliwość – mścił się na ludziach za długie chwile milczenia, do którego zmuszało go łowienie ryb – jego zręczność, powtarzam, i jego gadatliwość sprawiały, że w całej okolicy uważano, iż utrzymuje tajemne stosunki z duchami, które pod różnymi postaciami nimf i boginek nawiedzają wilgotne okolice. Dlatego też na sto mil dookoła pański stół cieszył się reputacją, której, jak się wydawało, nie zaćmił nieszczęśliwy wypadek, kiedy to podczas przypływu zginął sławny i nieszczęśliwy Vatel.

Ale kiedy przysłowie radzi, by nie mówić hop, dopóki się nie przeskoczy, ma rację! Chociaż może się to wydawać bardzo dziwne, pewnego dnia w środku Wielkiego Postu ryby opuściły bez pożegnania rybożernego pana i jego gości. Ponieważ brak tego ulubionego dania przedłużył się do czterech kompletnych obiegów zegara, Marcin, Marcin-Rybak, do którego mokry żywioł i nabrzmiała, pokryta krostami twarz jego Pana uśmiechały się zawsze, Marcin, dzielny sternik z Anuszewicziaj, spostrzegł, że nad jego głową zawisła podwójna groźba: niezasłużonej niełaski i haniebnego wyrzucenia ze służby. Zmartwiony, z podwiniętym ogonem – bo tak właśnie wyglądała zwinięta sieć, którą niedbale ciągnął po piasku – o świcie trzeciego dnia skierował się w stronę skąpych fal, z próżną nadzieją, że ugnie je lub zginie na zawsze w ich głębinach. Zarzucił sieć, poczekał dwie godziny, podczas których odmawiał strzeliste modlitwy, wyciągnął wreszcie sieć i znalazł w niej tylko stary but, łup, który śmieszy na ukwieconych brzegach Sekwany, ale skłania do najczarniejszych myśli na mglistych brzegach Nevezis. Rybak szykował się już do pozbierania sprzętu oraz bagaży i do powrotu pod namiot, kiedy nagle promyk nadziei zaświtał w jego umyśle. Zarzucił więc sieć i w chwilę potem, kiedy na horyzoncie Wenus wschodziła srebrząc fale, wyciągnął ją na brzeg wraz z łupem: przepiękną nimfą, której strojem były długie włosy oraz przepaska z lilii wodnych o niedyskretnych szparach, co powodowało, że z trudem przypominała ona pas cnoty.

– Cześć, bezwzględny staruchu – zaśpiewała syrena. I dodała z wesołym uśmiechem: – Dalej, nie krępuj się, nie jesteś moim Panem Ojcem.

Uszczęśliwiony Marcin, w którego istocie wszystko było dokładnym przeciwieństwem tego, o czym mówiliśmy wcześniej, pobiegł do dworu...

– Na brzuch Saint-Guis, ty diabelski draniu! – wykrzyknął

stary Pan (jego dziadek był obecny w Paryżu na koronacji). – Złowiono ją na moich wodach i należy do mnie. Ha, jakaż apetyczna dziewczyna!

– Nie – odpowiedział zakochany Marcin. – To ja ją znalazłem i gdy tylko spojrzała na mnie, zwróciła mi piękną młodość, należy więc do mnie. Na dowód tego sama mi powiedziała: „Ależ nie krępuj się, nie jesteś moim ojcem".

– Czy to prawda, Panienko? – zapytał szlachetny Pan.

– To bardzo możliwe, ponieważ u ludzi – jak by to powiedzieć – ryby, damy, oddają się dosyć łatwo pierwszemu lepszemu.

– Niestety, wszędzie jest tak samo – westchnął kasztelan...

– Dobrze, mój stary – dodał Pan – zatrzymaj ją. Żądam tylko spełnienia małej przysługi. O, nie obawiaj się niczego, to drobnostka. Jutro, zamiast nad rzekę, pójdziesz do Nieba do dobrego świętego Piotra. Powiesz mu tak: „Przychodzę zobaczyć nieboszczyka ojca naszego Pana, żeby zapytać go, gdzie ukrył skarb, zanim umarł". Jeżeli wrócisz z dobrą wiadomością, przygotuję ci taką ucztę weselną, że zobaczysz świeczki w oczach.

Następnego dnia o świcie Marcin wyruszył w drogę w towarzystwie młodego pasterza, który pragnął wykorzystać sposobność i odwiedzić swoją ciotkę, zmarłą w święto Matki Boskiej Gromnicznej. Podróżni, zaskoczeni przez ciemności na środku wielkiego cmentarza, postanowili spędzić tam noc. Młodzieniec zaczął wkrótce chrapać z całym zapałem swojego wieku, Marcin spał tylko na jedno oko; w jego zakochanym sercu nimfy i syreny poruszały się jak małe rybki w sadzawce. Nagle obudził go dziwny hałas przypominający mrowienie się milionów robaków; podniósł głowę i tam, gdzie znajdował się jego nieszczęsny towarzysz, spostrzegł jedynie armię grabarzy, które po pożarły... Nie bardzo zachwycony tym widokiem, kochanek syreny ucieka z krzykiem i wkrótce dostrzega brzeg morza, a na groźnie

wyglądającej skale tak ogromnego i tak starego wieloryba, że na grzbiecie wyrosła mu wierzba.

– Dokąd idziesz Marcinie-Rybaku? – zamruczał potwór, którego gardło przepuszcza tylko małe kiełbie.

– Idę do Nieba, żeby załatwić sprawę spadkową. Zgodnie z paragrafem dziewiętnastym prawa z 17 czerwca 1671 spadkobierca...

– Dobrze, dobrze – przerwała mu milcząca wierzba – wdrap się na mój grzbiet, zaniosę cię aż do bram raju. Ale poprosisz Pana Boga, żeby przysłał mi drwali, ponieważ należy zrąbać część mojej grzywy, a także myśliwych, bo zające i koziorożce uczyniły mi dużo szkód z lewej strony.

Ocean został już przebyty – owalna i słoneczna brama Nieba rysuje się w porannych mgłach. Stary rybak opuszcza wielką rybę-wierzbę i kieruje swe kroki w stronę Głównego Słońca. Jego wzrok zatrzymuje się na dwóch młodych dziewczętach, które spierają się o złote jabłko.

– Spytaj się pana Boga, kiedy ma zamiar położyć kres naszej kłótni.

Nieco dalej dwie stare, blade ze wściekłości kobiety czerpią wodę wiadrem każda ze swojej studni i wylewają do studni towarzyszki. Proszą naszego podróżnego, aby zechciał zwrócić uwagę Wiecznego, że ich praca jest bezsprzecznie nudna. Po dwudziestu krokach spotyka starego Pana, uczącego mówić kruka. Prosi on naszego Marcina, aby uzyskał zgodę od Wszechmocnego na to, żeby złośliwy ptak uwieńczył wreszcie jego wysiłki i wyraźnie wymawiał jedno słowo składające się z sześciu głosek – oczywiście Miłość. Drogę zastępują mu jeszcze inni proszący... Rybak przyrzeka im wszystko, czego pragną, posyłając ich do Diabła... Nie wiedział, nieszczęsny, iż największe szczęście Przedwiecznego polega na tym, że jest zadręczany.

I wreszcie, prawie kilometr od Najwyższej Bramy, z głębi jasnoczerwonej karety odzywa się do niego Pan, który podaje mu bilecik. – Na zakręcie drogi zauważysz inny powóz. Jeden z koni będzie biały. Włożysz mu ten list do prawego nozdrza.

Marcin kontynuuje pobożną pielgrzymkę, spotyka drugi pojazd i robi to, o co prosiła go osoba zajmująca pierwszy. Zaraz potem koń oddaje mocz i potrząsając grzywą rży szlachetnym tonem:

– Skarb znajduje się w żelaznym garnku, zakopanym pod progiem piwnicy.

Rybak, pan Wielkiej Tajemnicy, zastanawia się teraz, czy naprawdę musi kontynuować swą podróż. Ale przypomina sobie o niezliczonych obietnicach, jakie złożył, i jako uczciwy człowiek pragnie mieć czyste sumienie. Zastukał więc do anielskiej bramy, wpuszczono go i od Boga, zamęczanego milionami podobnych próśb, uzyskał następujące odpowiedzi:

– Wiadomość dla dwóch młodych dziewcząt i dla ich jabłka – przypomnij o tym, co stało się w pierwszym roku świata, i poradź, żeby nauczyły się gotować. Jeśli chodzi o stare panie, powiesz im, że pokutują za grzech obmowy i plotkarstwa i że to nie moja wina, iż ich studni – podobnie jak ich gadaniny – nie można wyczerpać. Ach, jak męczący jest mój zawód! Poczekaj chwilę... Jeszcze stary Pan z krukiem: powiesz mu po prostu słowo, którego nigdy nie usłyszy z dzioba swojego strasznego ptaka.

I pozwól, miły czytelniku, że na tym odwiecznym i mądrym słowie, składającym się z pięciu głosek, zakończę opowiadanie.

KRAWIEC I SZEWC

Pewnego razu było sobie dwóch braci. Jeden był szewcem, a drugi krawcem. Ponieważ byli bardzo zgodni, przez długi czas równo dzielili się zarobkami. Ale pewnego pięknego dnia zarobki przestały wystarczać na zaspokojenie potrzeb, co zmusiło ich do rozejścia się w poszukiwaniu majątku. Opuścili więc swoje domostwa i razem poszli do pierwszego skrzyżowania dróg.

– Nadeszła chwila rozstania – powiedział krawiec – ale dokładnie za dziesięć lat spotkamy się tutaj, aby podzielić zarobione pieniądze.

Uściskali się i krawiec poszedł na prawo, a szewc na lewo.

Trzeciego dnia rycerz igły i nożyc napotkał rzekę, szedł jej brzegiem aż do zmroku i dotarł do brzegu wielkiego jeziora. Zobaczył trzy łodzie odwrócone do góry dnem.

– Oto znakomite schronienie na noc – powiedział do siebie i położył się pod jedną z nich.

O północy obudził go hałas, który w pierwszej chwili uznał za szum powodowany przelotem wielkiej liczby mew. Podniósł głowę, ale zamiast przyjemnych białych ptaków dostrzegł w świetle księżyca trzy straszne czarownice, które na miotłach ze świstem leciały w jego stronę. Wkrótce wylądowały one na brzegu, usiadły na trzech łodziach i zamieniły ze sobą te dziwne słowa:

– Na Przeklętego, co mówisz moja siostro? A ty, na Szatana, co robisz?

– Na Przeklętego, oto co mówię: Żył sobie ojciec, który miał dwóch synów. Umarł, zanim powiedział im, gdzie schował pieniądze. I dwaj bracia zaczęli się bić i kłócić za czterech: – To ty masz forsę, nie powiesz mi, że nie. – Ty ją masz, draniu, bach, bach, a masz, a masz!

– A gdzie są pieniądze? – zapytały dwie pozostałe wróżki.

– Pod drzwiami i pod słupem. Ten, kto będzie kopał, znajdzie je od razu.

– Na Mofeza, powiem wam, co zrobiłam – mówi przez nos trzecia wiedźma. – Wysuszyłam całą krainę, żegnajcie rzeki, stawy i studnie. Dziesięć sztuk srebra, moje siostry, dziesięć sztuk płacę za malutki dzbanek wody.

– A co trzeba zrobić, żeby woda powróciła? – zapytują dwie inne.

– Na skraju lasku znajduje się bardzo śliski głaz. Wystarczy go odwrócić i woda od razu powróci.

W końcu dwie intrygantki zwracają się do pytającej. Ta zaś odpowiada:

– Źle się dzieje na Dworze. Córka Króla jest bardzo chora.

– Co ją trapi, powiedz szybko, co ją męczy?

– Wielka ropucha w norze, wielka ropucha, która pije jej krew. Ha, wyssie jej całą krew! Trzeba by ją zabić, wysuszyć, zemleć i podać proszek dziewczynie do wypicia.

Mimo przerażenia krawiec nadstawiał ucha i notował w pamięci najmniejszy szczegół. Kogut zapiał i trzy wiedźmy odleciały na Księżyc.

Nasz bohater opuszcza schronienie. Po całodziennym marszu dociera o zmroku do wsi. Tam pewna plotkarka opowiada mu, że jej sąsiedzi, dwaj bracia, bili się od świtu do zachodu słońca. Przypomina sobie słowa pierwszej czarownicy i idzie odnaleźć dwóch kłótników.

– Zdaje się, że doszło tu do sprzeczki. O co chodzi?

– Nasz ojciec, Panie świeć nad jego duszą, poszedł jeść kapustę od korzenia, a my nie wiemy, gdzie są pieniądze.

– Pozwólcie mi spędzić noc u was, a jutro powiem wam, gdzie je schował.

– Powiedz nam od razu, a damy ci połowę.

– Nie potrzebuję. Pieniądze nie dają szczęścia. Chciałbym od was tylko dobry obiad, kolację i nocleg. Jutro będziecie mieli wasz spadek.

W pierwszym blasku dnia podróżny prowadzi dwóch braci-nieprzyjaciół, każdego z łopatą, do bramy gospodarstwa i pokazuje im kryjówkę. Pół godziny później wykopują garnek pełen złota. Krawiec świętował przez trzy dni z gospodarzami rozkoszując się jedzeniem, ponieważ lubił dobrze zjeść, a następnie opuścił ich, nie przyjmując złamanego szeląga.

Wkrótce odnajdujemy go w pewnej wsi, gdy rozmawia z mieszkańcami, prosząc, żeby dali mu pić.

– Bardzo chcielibyśmy dać wam piwa, ale nie mamy za co go kupić.

– Ejże, poczciwi ludzie, po cóż mi piwo! Sto razy bardziej wolałbym szklankę zimnej wody.

– Widać, że przybyliście z daleka. Od czasu do czasu przysyłają nam jeszcze piwo, ale jeśli chodzi o wodę, to inna para kaloszy. Rzeki, stawy, studnie, wszystko wyschło, to prawdziwa kara Niebios!

– No, no – powiedział do siebie krawiec. I przypomniał sobie opowiadanie drugiej wiedźmy... A potem odezwał się głośno: – Z boską pomocą będę mógł tak, jak mnie tu widzicie, zalać wodą wasze wioski. Jeżeli jednak będziecie dobrzy, sprowadzę tylko

tyle wody, ile trzeba, żeby ugasić wasze pragnienie oraz pragnienie waszych zwierząt i pól.

Wieśniacy stukają się ukradkiem w czoło, ale po chwili zastanowienia prowadzą naszego czarownika do zamku. Pan zamku rozmawia z nim, zauważa, że ma do czynienia z człowiekiem jak najbardziej przy zdrowych zmysłach i poleca swoim ludziom, aby wypełniali wiernie rozkazy, jakie od niego otrzymają. Wkrótce podróżny uzbraja dwudziestu solidnych chłopów w żerdzie i prowadzi ich na skraj sąsiedniego lasu. Podnoszą ogromny gładki głaz na wpół zagłębiony w ziemi. Z dziury natychmiast zaczyna płynąć woda, a jednocześnie po wsi rozchodzi się wieść, że rzeka, stawy i studnie podjęły na nowo ożywczą pracę, przerwaną przed wieloma dniami. Dobry Pan i jego wieśniacy rozpłynęli się w podziękach i chcieli obsypać złotem naszego krawca. Ten jednak dał nowy dowód bezinteresowności nie przyjmując żadnego podarunku. Zadowolił się tym, że kierował zabawami, w których wzięli udział wszyscy mieszkańcy okolicy. Następnie złożył wszystkim uszanowanie i oddalił się tak, jak przyszedł.

Pewnego wieczora przybył do dużego miasta i zapytał się oberżysty, jak idą sprawy.

– Dziękuję, nieźle. Wielki Książę, nasz Pan, ożenił niedawno jednego ze swoich braci, dzięki czemu handel rozwija się. Ale jaką smutną minę miał ten biedak! Ach, mówią, że bardzo źle jest urodzić się w pokoju ze złoconymi sztukateriami, rządzić tysiącami ludzi, a iść przez życie z wydłużoną miną.

– Co więc trapi waszego władcę?

– Nie mówcie o tym, to przykra sprawa. Zdaje się, że co wieczór ze ściany wychodzi wielka jak człowiek ropucha i wysysa krew z żył jedynej córki księcia.

– Jeśli tylko to trapi waszego władcę, będzie uwolniony od swojego zmartwienia nie później niż jutro.

– A przez kogo, na Boga? Lekarze nie mogą nic na to poradzić. Jeden z nich przybył ostatnio z Bazylei i zanim odjechał do Tatarów, zatrzymał się u nas... Jest to, jak opowiadają, ktoś, kto uważa się za większego niż Celsjusz i to musi być prawda, bo był tak śmiesznie ubrany, że biegły za nim wszystkie psy z miasta... Poczekajcie chwilę... Hm, hm... W końcu to mało ważne... Zadał ropusze mocny cios szpadą, którą zwał Arothem, ale ona zaśmiała się i pokazała mu... A pan sądzi, że uda się panu tam, gdzie tyle czerwonych czepków nic nie zrozumiało?

– Na pewno i niech mnie powieszą, jeśli kłamię.

Wiadomość o przybyciu Doktora Cudotwórcy obiega miasto jak błyskawica. Rywal Bombasta de Hohenheima jest wezwany do zamku.

Po krótkiej rozmowie sam Wielki Książę prowadzi go do komnaty chorej.

– Jeśli uratuje Pan moje dziecko, dziedziczkę mojej korony, dam Panu połowę państwa.

– Nie odmawiam, ale na początek potrzebuję pokoju tylko dla siebie, ośmiu dni zupełnego spokoju i dobrego jedzenia.

– Będzie Pan miał to wszystko i jeszcze dużo więcej.

Księżniczka jest piękna jak dzień. Dla pozoru lekarz bada jej puls.

– Hm... mimo wszystko będzie dobrze... W przyszłym tygodniu, Szlachetny Panie, niebezpieczeństwo będzie zażegnane.

– Oby Bóg pozwolił – wzdycha Książę.

– To pewne, jak pewne jest, że mam zaszczyt powiedzieć to Waszej Jaśnie Oświeconej Wysokości.

I oto nasz krawiec, różdżkarz i uzdrowiciel, znajduje się w pięknej komnacie i siedzi przed jednym z tych dań z kołdunami litewskimi, lśniącymi od tłuszczu i przyprawionymi, które to kołduny w gastronomicznych szrankach wygrywają z każdym znanym połączeniem mielonego mięsa i klusek. Od czasu do czasu, w trosce o udzielenie odpoczynku szczękom, bierze w rękę byczy róg i napełnia go miodem, w którym słychać szmer sennych lat z zeszłego wieku. Wspaniały ogień palących się polan śpiewa i tańczy w dębowym kominku, na którym widnieją apokaliptyczne herby Wielkiego Księstwa... Ale nagle obicie na przeciwległej ścianie wybrzusza się z niemym powiewem dziwnego fluidu i wychodzi zeń większa niż dynia potworna głowa ropuchy, bardziej krostowata niż Droga Mleczna, gotowa do uderzenia naszego smakosza językiem długim na dziesięć łokci, pokrytym czarną i błyszczącą smołą. Biesiadnik wstaje, chwyta ciężkie szczypce z brązu i wymierza bardzo mocny cios zjawie-płazowi. Dręczyciel dziewcząt pada bezwładnie na posadzkę. Uczeń Gallena tnie go na malutkie drgające i skaczące kawałki i wrzuca je do dużego garnka, po czym stawia go na ogniu. Po spaleniu trupa rozdrabnia go na proszek, podlewa obficie sosem ze stonogi, dodaje półtorej uncji bezoaru i natychmiast wlewa to wszystko do bulionu księżniczki.

Już następnego dnia księżniczka z pogardą odsunęła nocnik, który postawiono jej przy łóżku i poszła swobodnie usiąść na ozdobionym herbami krześle z otworem, które zdobiło kąt jej alkowy. Trzy dni później damy dworu zobaczyły przez okno, że czuli się w ramionach młodego zbawcy w alei wielkoksiążęcego parku. Biegną zawiadomić władcę; ten zaś uzbraja się w lunetę i dostrzega parę na ławce w najbardziej oddalonej części ogrodu...

– Powróćcie do waszych apartamentów, o Panie – mówi szczęśliwy ojciec do staruszek, które już chciały wziąć jego lornetkę. – Mimo młodego wieku Księżniczka dużo lepiej niż wy potrafi postępować w każdych okolicznościach zgodnie ze swoim stanem... Szelma! – zamruczał, gdy został sam... – Ma to oczywiście po swoim ojcu i nieco po zmarłej matce – dodał z westchnieniem. A po chwili zastanowienia powiedział: – Przyrzekłem uczniowi Hipokratesa połowę moich ziem, ale po tym, co się zdarzyło, zrobię mądrze dając mu także Księżniczkę... całą, przynajmniej mam taką nadzieję; a ponadto, czy nie wie o niej więcej niż ktokolwiek inny?

Krawiec, półkról, małżonek całej i prawowitej Księżniczki, rządził ludem i królestwem z umiarem, godnością oraz zręcznością, dzięki czemu można uznać co najmniej za zbyteczną długą genealogię, jaką mu sporządzono, a w myśl której pochodził od krowy, a następnie od Geryona o trzech głowach. Niemniej pod koniec dziewiątego roku (a był to dziesiąty rok od czasu rozstania się z bratem) przyśnił mu się ponury sen, w którym ujrzał rozstajne drogi, miejsce, gdzie krawiec i szewc wymienili pożegnania oraz obietnice. Kilka dni przed umówionym spotkaniem wyruszył więc w drogę w stronę tego smutnego i tak żywego w jego pamięci miejsca, wraz z dwiema kompaniami wojska na koniach ze wspaniałymi rzędami.

Na widok topoli, które ocieniały tę okolicę, poczuł łzę spływającą po policzku i zwracając się do swojej eskorty zakomenderował z westchnieniem:

– Stać! W szeregu na prawo! Spocznij!

Wkrótce w mgłach poranka zarysowała się postać szewca; miał on na sobie coś, co przypominało spodnie i szedł boso po rosie.

– To ty, Piotrusiu, to ty, mój maleńki, mój braciszku – zawołał Król i zwracając się do żołnierzy rozkazał: – Naprzód marsz, stój, od lewego prezentuj broń!

– Ach, Najświętsza Panienko, nie widzieliśmy się bardzo dawno! A więc, jak tam, jakoś leci?

– Ba, mogłoby być lepiej, skóra jest droga, a klient skąpy, ale, jak mówi przysłowie, zaciskając pasa dojdzie się do chwili określonej przez Przeznaczenie. A ty, nieboraku... ale powiedz mi, od kiedy jesteś kapralem?

– Kapralem! Chcesz powiedzieć: udzielnym księciem! Zobaczysz mój pałac, mój Dwór! Pokryty złoceniami i ozdobami! Dalej! Na konia! Jutro rano edyktem królewskim mianuję cię władcą połowy moich ziem.

– Powiedz mi najpierw w paru słowach, w jaki sposób doszedłeś do tych wszystkich zaszczytów?

Jego Wysokość opowiada szczegółowo o wszystkim, co mu się przytrafiło od spotkania z trzema czarownicami.

– Być księciem, zwykłym księciem jak mój brat? Hm... nigdy! Przenigdy! – mówi do siebie szewc, którego gryzie demon zazdrości. – Ja też pójdę spać pod łodzią i niech mnie poćwiartują, jeżeli nie będę Cesarzem, chociażby po to, żeby zezłościć mojego Pana Brata!

– No i co, Piotrusiu, co się stało? Idziesz, czy nie idziesz? – zapytał Król.

– Po zastanowieniu odmawiam zaszczytów... Niech krawiec wykonuje swój zawód. A ponadto jestem republikaninem! Śmierć tyranom! – odpowiada brat.

Krawiec-Książę początkowo nie wierzy własnym uszom, a następnie zrozumiawszy, co się dzieje, czerwony ze złości bodzie konia ostrogami i oddala się w chmurze kurzu. Jego brat grozi pięścią oddziałowi, który znika na horyzoncie i spieszy w stronę zaczarowanego brzegu, do którego już nieraz kierowało go życie włóczęgi. Chowa się pod jedną z łodzi i gra w orła i reszkę o koronę Wielkiego Mongoła lub Sułtana Tureckiego. O północy pojawiają się wiedźmy.

– Na Przeklętego, co mówisz, i na Mofeza, co robisz...

Dwie pozostałe zaczynają narzekać:

– Nie ma o czym mówić, nie ma nic do roboty; ani wojny, ani zarazy; niestety, światu powodzi się dobrze, ani cholery, ani dyfterytu. Spiski? Zamachy? Figa! Cesarstwa i republiki nauczyły się ich nie stosować. Ach, siostro, co za nędza!

I wszystkie trzy chórem:

– Czy oni zwariowali? Czy też kpią sobie z nas? Jedzą, chodzą na msze... Ach, siostry, co za rozpacz! Coś tu jest, słyszycie? Pod spodem, pod spodem, pod spodem.

I powtarzając ten ponury refren trzy wiedźmy podnoszą łódź, odkrywając nieszczęsnego szewca-cesarza. Rozdzierają go szponami, pożerają na miejscu i lecą spokojnie strawić go na nieznanej stronie Księżyca.

KICHNIĘCIE

Kiedyś żył sobie biedak, którego żona obdarzyła chmarą dzieci i który w wielkiej biedzie wykonywał setkę zawodów, jak to czynią ci, którzy nie nauczyli się żadnego. Pewnego dnia choroba i głód zapukały do drzwi chatki. W rezultacie tej wizyty nasz bohater postanowił poświęcić się jedynemu dostępnemu mu zawodowi, karierze złodzieja na gościńcach. Równie pozbawiony wyobraźni jak odwagi, rozbójnik mimo woli wpadł na pierwszy pomysł, jaki nasunął mu się na myśl, i upatrzył sobie konia oraz dwukółkę pewnego szlachcica z sąsiedztwa, który dzięki temu pojazdowi swoich przodków był sławny w całej okolicy z powodu ogłuszającego hałasu, jaki w świąteczne dni robił na brukowanym placu przed kościołem parafialnym. Aby przejść od projektu do wykonania, nieśmiały złoczyńca wybrał noc równie ciemną jak jego los. Zmówił różaniec, polecił wszystkim świętym swoją duszę oraz przyszłość rodziny i ruszył w drogę, idąc ze zgarbionymi plecami tuż przy płotach i murach. Na zakręcie jednej alei stanął twarzą w twarz z cieniem owiniętym w szeroki płaszcz, który obłudnym i natrętnym głosem zapytał go, kim jest i dokąd idzie. Nasz bohater w chwili słabości zdradził swoje plany własnej gadatliwej małżonce i zaczął natychmiast podejrzewać, iż spotkał się z agentem policji Wielkiego Księcia, który go śledził. Przerażony do głębi tchórz, aby bez zwłoki uwolnić się od strasznego ciężaru, który spoczywał na jego sercu, trzęsąc się opowiada, kim jest i co robi, i wyjawia cel swojej wyprawy.

– Szczególny przypadek! – wykrzykuje nieznajomy. – Dostojna siedziba, do której kieruje Pan swoje kroki, jest celem mojej podróży. Jeśli Pan tego pragnie, pójdziemy razem i zbadamy, czy nie można by połączyć naszych planów. Pański plan wydaje mi się bardzo ciekawy i będę oczarowany, jeżeli mój spodoba się Panu.

Nasz bandyta, zachwycony nieoczekiwanym zwrotem, jaki przybrała jego przygoda, i uderzony elegancją wysławiania się swojego rozmówcy, pyta go żartobliwym tonem, czy zgadł, podejrzewając, że jest on jednym z tych panów, znaczących kości do gry, oskarżonych przez opinię publiczną o zrujnowanie szlachcica, którego miał zamiar odwiedzić, i który popijał wino a także był zapalonym graczem.

– Drogi Panie – odpowiada rozmówca – jest Pan bardzo przenikliwy jak na nowicjusza. Tak, jestem tym, o kim Pan mówił, i sprawia mi to zaszczyt, ale moja działalność obejmuje dużo większy zakres. Wykracza nawet poza ograniczony obszar naszej planety i rozszerza się na wszystkie części Wszechświata, w których życie występuje pod postacią wszy, jadowitych gadów i ludzi. Przedstawiłem się: jestem Królem tego świata materii i śmierci, a także Księciem trupiej Muchy, którą przyciągają cuchnące wyziewy każdego ciała opuszczonego przez Ducha Świętego.

Nieszczęsny złodziej zdjął z poszanowaniem czapkę przed Panem kosmicznego robactwa i poprosił go, aby nie bardzo się znęcał nad swą ofiarą. Diabeł uspokoił go, powiadamiając o swoim planie, który polegał po prostu na zabraniu duszy fałszywego pobożnisia, oddającego się grze i pijaństwu.

– A w jaki sposób pragniecie stać się jej panem? – zapytał złodziej.

– Prawdę mówiąc, nic łatwiejszego. Wejdę niewidzialny do jego pokoju i szepnę mu na ucho, żeby wstał i zawołał służącego, aby ten przyniósł mu wody. Gdy służący przyniesie dzban, szlachcic odeśle sługę, zacznie się myć i kichać ze wszystkich sił. Ponieważ obok nie będzie nikogo, by mu powiedział „na zdrowie", będzie kichał aż do zgonu. Wtedy wezmę jego duszę i będę mu życzył dobrej nocy na wieczność.

Te zwierzenia tylko częściowo zadowoliły naszego rozbójnika, będącego dobrym mężem i czułym ojcem. Bądź co bądź, przyrzekł sobie ze wszystkich sił przeszkodzić ponurym planom swojego towarzysza, o tyle, o ile się odważy. Ten zaś nawiązał wkrótce przerwaną nić interesujących rozważań metafizycznych. Dobry łotr nic z tego nie rozumiał, ale czuł niejasno, że wszystkie te słowa nie były warte jednego słowa z katechizmu.

Gawędząc w taki sposób doszli do siedziby, w której mieszkał szlachcic, i której Pan, wbrew swoim zwyczajom, położył się bardzo wcześnie, nie ruszając kart i nie pijąc nadmiernie. Demon wśliznął się do jego komnaty, natomiast złodziej, ciekawy, co się stanie, przycupnął pod oknem. Jak było do przewidzenia, diabelska sugestia podziałała natychmiast. Szlachcic budzi się, dzwoni na służącego, wlewa wodę z dzbanka do miski i stary bibosz zanurza w niej twarz, prychając i sapiąc jak delfin płynący śladem boga wód. Po chwili, jakby uderzony jakimś nagłym natchnieniem, podnosi głowę do nieba, wytrzeszcza oczy, marszczy brwi i zaczyna kichać tak, że drżą ściany, szyby i cały skromny dom jego ojców aż do fundamentów. Złodziej przykleja twarz do okna, widzi czerwoną twarz zwróconą raz do sufitu, raz zaś skrytą w potrójnym apoplektycznym podbródku. Oczy wychodzą mu z orbit i płyną z nich obfite łzy, byczy kark nadyma się i zabarwia na purpurowy kolor, burzliwy nos, zakryty wielką chustką w kwiaty, grzmi i błaga o łaskę... Wstrząsane ciało gracza i pijaka chwieje się już i słabnie... Zaraz upadnie na podłogę... Nie! Krzyk rozdziera noc. Za oknem głos, który wskutek współczucia i strachu stał się bardzo piskliwy, wypowiada magiczną formułę: ,,Na zdrowie!" Szał kichania mija, szlachcic wyciera sobie czoło, opada na fotel i mruczy:

– Dziękuję.

Diabeł, który obserwował wszystko z pieca, skacze na ziemię i zmyka co sił w nogach.

– Łajdaku z zakrystii – krzyczy – przyrzekłeś mi przecież, że będziesz cicho!

– Litość wygrała, panie Diable, dlatego krzyknąłem: ,,Na zdrowie!". Stanowczo nie nadaję się na zbója.

Zdumiony i wdzięczny szlachcic, usłyszawszy tę dziwną rozmowę, woła służącego. Obaj z bronią w ręku wyskakują przez okno i spadają na nieszczęsnego złodzieja. Podczas gdy Pan, który mu zawdzięcza życie, przyciska go do piersi, całując w usta, sługa, nie wiedząc, co się stało, zadaje mu kilka mocnych ciosów płazem szabli w siedzenie. Jego Pan dostrzega to i kładzie kres temu niestosownemu zajęciu. Szlachcic i złodziej wyjaśniają sobie wszystko bardzo szczerze i składają gratulacje. Noc kończy się przy butelce wyśmienitego wina, a kiedy Aurora z czołem ozdobionym kwiatami pojawia się na niebie, uczciwy zbój z dobrze wypchaną kiesą powraca do domu w hałaśliwej dwukółce, którą dostał od wdzięcznego szlachcica. I właśnie od tego dnia kichającym mówi się: ,,Na zdrowie".

NOTATKA GENEALOGICZNA NA TEMAT KUKUŁEK Z KUKUŁKOWA

Kruki, stara rodzina urzędnicza, której dwie najbardziej znane gałęzie – jedna francuska, Kruk La Fontaine'a, a druga irlandzka, Kruk Allana Poego – były często przedstawiane w heraldyce, istnieją także od niepamiętnych czasów na Litwie. W kraju tym, podobnie jak w innych, pewne dziedziczne dyspozycje, do których rozwoju w wielkim stopniu przyczynił się zwyczaj dokonywania inwentarza na strychach zamków i pod dachami dzwonnic oraz kościołów, sprawiły, że gatunek ten wyróżniał się w dziedzinie prac genealogicznych. Z trzech najbardziej znanych dzieł tych Corvus-Lithuanus: *Ab ovo, Aquila non capit muscas* i *Fama volat* zaczerpnęliśmy nieco informacji dotyczących Kukułek, rodu, którego bardzo stare tradycje są z pewnych względów uderzająco podobne do zwyczajów i obyczajów ludzkich we wszystkich czasach, zwłaszcza zaś w okresie, w którym mamy szczęście żyć i który nas zresztą przekształcił w ptactwo.

W zamku Anuszewiciai, nad brzegiem Nevezis, żył niegdyś pewien szlachcic, którego żona umarła w kwiecie wieku, pozostawiając mu trzech synów i córkę. Córka, najstarsza z dzieci, otaczała swych braci troską starając się, aby jej starania godnie zastąpiły opiekę matki. Chłopcy byli bardzo wdzięczni za te oznaki czułości i oddania a później, gdy osiągnęli wiek, w którym nosi się broń, w ich przyjaźni do siostry widoczne były, mimo pewnej poufałości całkowicie naturalnej wśród młodych ludzi, szacunek i wdzięczność, jakie odczuwaliby w stosunku do prawdziwej matki.

Pewnego dnia Kawalerowie Teutońscy z Prus, spadkobiercy dawnych Braci Szpitalnych, nieprzyjaciół Zakonu Templariuszy, napadli na jeszcze pogańską wtedy Litwę, aby ją nawrócić i podporządkować Wielkiemu Mistrzowi. Pod boskim znakiem krzyża spalili kraj i wycięli jego mieszkańców.

Wielki Książę Kiejstut zebrał rycerstwo. Trzej bracia włożyli zbroje i osiodłali konie. Starsza siostra płakała gorzko; w sercu jej jednak przeważyło uczucie obowiązku i zachęciła młodzieńców, aby nie oszczędzali krwi w świętej wojnie.

Kawalerów Teutońskich rozgromiono. Ale armia Kiejstuta została zdziesiątkowana a kobiety na Litwie obchodziły zwycięstwo we łzach i w żałobie.

Nasi trzej rycerze z doliny Nevezis spotkali się w grobach bohaterów ze swoimi walecznymi przodkami. Rumaki same powróciły do zamku.

Starsza siostra nie pocieszyła się nigdy po tej stracie. Pożegnała się ze światem, zabrała trzy konie i zamieszkała w pustelni, w sercu lasu.

Dała tam upust żalowi oraz łzom aż do dnia, kiedy bogowie ulitowali się nad nią i zamienili w Kukułkę.

Do jej serca powrócił spokój; ale kiedy wiosna pobudza inne ptaki do radosnych i miłosnych pień, biedaczka nuci naiwną skargę, której smutek powoduje, że drzewa drżą, echo wzdycha, płatki kwiatów pokrywają się rosą, a źródła szlochają. W tej bowiem porze roku okrutny los zabrał jej braci.

DLACZEGO BOCIAN MA CZARNĄ PLAMĘ NA GRZBIECIE?

Drogie dziatki, mimo że opowiadanie, które usłyszycie dzisiaj wieczorem, nie jest tak stare, jak stworzenie świata, należy go wysłuchać z szacunkiem. Jest ono dawniejsze niż potop i dużo starsze niż wasza babka.

Pewnego dnia ludzie wysłali do Boga delegację, aby opowiedzieć mu o niebezpieczeństwie, na jakie ich zdaniem byli narażeni wskutek szybkiego rozmnożenia się węży, ropuch, żab i innych stworzeń, niesłusznie uważanych za bezużyteczne lub wyłącznie szkodliwe. Pan przyjął prośbę ze swoją zwykłą dobrocią i cierpliwością. Właśnie wtedy, kiedy miał zamiar udzielić wysłannikom paru wyjaśnień dostosowanych do ich rozumu, wezwano go do niebiańskiej kotłowni, gdzie przygotowywano się do wlania paliwa w wiele milionów słońc. Bóg, który jest zmarzluchem, podobnie jak wrażliwi na zimno są liczni poeci i uczeni po przekroczeniu pewnego wieku, zakończył posłuchanie i pobiegł przyglądać się tej operacji, od której zależał jego spokój podczas całej zimy. Ponieważ jednak był zbyt ostrożnym politykiem, aby odesłać z pustymi rękami przedstawicieli tak nieprzyjaznego plemienia, przyrzekł im, wbrew własnej woli i tylko dlatego, by nie zajęło to dużo czasu, że spełni ich tajemne pragnienie, to znaczy zniszczy nieszczęsne gady.

Już następnego dnia Bocian otrzymał z Wydziału Spraw Zoologicznych rozkaz wrzucenia do morza wielkiego wora ze skazanymi zwierzętami.

Posłannik zarzucił ciężar na ramię i ruszył wielkimi krokami. Ale morze było daleko, a droga trudna i wkrótce opanowała go nieprzeparta chęć ucięcia sobie popołudniowej drzemki na jednej nodze, z dziobem pod skrzydłem. Gdy już jedno jego oko było szczelnie zamknięte, demon ciekawości, który po raz pierwszy odwiedził go u kresu długiej i pełnej zaszczytów kariery, podszepnął mu, by otworzył worek i zobaczył, co się w nim kryje. Nie będę się rozwodził o walce, jaka rozgorzała wówczas w duszy najbardziej przezornego i gorliwego urzędnika. Wystarczy, jak powiem, iż wielka pieczęć ze znakami Boga została zerwana. Po próżnej pogoni za jednym z węży, które uciekły z więzienia, Mistrz Ciconius zawrócił i znalazł cenny worek, powierzony jego opiece, opuszczony przez wszystkie inne gady. Niedyskretny wysłannik powrócił do Nieba ze zwieszoną głową i bojąc się, że będzie skrzyczany przez jakiegoś podwładnego Pana Boga, skierował swoje kroki do prywatnych apartamentów Pana Wszechświata.

Mimo że pomysłu tego można by bronić na gruncie psychologicznym, nie był on jednak szczęśliwy. Bóg poruszał właśnie w kominku polanem ze świeżo ściętego drzewa, zawierającego jeszcze dużo żywicy, której syczenie przeszkadzało mu bardzo w rozmyślaniach. Informacja Bociana o przykrej przygodzie, która go spotkała, przepełniła czarę jego niecierpliwości. Bóg, wywijając właśnie wyciągniętymi z ognia szczypcami, zadał nimi mistrzowski cios zakłopotanemu wykonawcy swoich tajemnych rozkazów.

Taka jest niezaprzeczalna przyczyna występowania czarnej plamy, szpecącej grzbiet biurokratycznego ptaka, wzorowego męża i ojca, bardzo przywiązanego do swoich penatów, ale zaprzysięgłego wroga syczącego i rechoczącego plemienia. Podawana przez niego wersja tych wypadków różni się nieco od naszej, zwłaszcza w tej materii, że stygmat nabiera w niej chętnie zabarwienia honorowego odznaczenia, zastrzeżonego dla najbardziej zasłużonych. Ale stwierdzenia tak nieprzyzwoicie niezgodne z prawdą zasługują na to, by zwalczać je z jak największą siłą, chociażby ze względu na wynikający z nich brak poszanowania w świecie zwierzęcym dla niektórych zewnętrznych oznak wyższości, będących chwałą lub rozrywką ludzkości, która świeżo wyszła z jaskiń.

ŻABY, SŁOŃCE I DOBRY BÓG

Pewnego dnia żaby zostały zawiadomione, że Słońce ma zaślubić żonę. Wkrótce zebrały senat, a ten z kolei wezwał wróżbiarzy. Ich wróżba nie była wcale pomyślna.

– No, no! – zawołali najpierw, wzbudzając wielkie rechotanie w amfiteatrze i na trybunach – czy nie wiecie, że już około czerwca Słońce nawet przed ślubem wysusza wiele naszych kałuż i bagien? Co się stanie zatem, o nieba, gdy jako małżonek i ojciec, będzie musiało zaspokoić pragnienie całej konstelacji! Czy nie wysuszy naszych stawów i rzek? Dalej, w drogę, próżny i niezapobiegliwy ludu! W drogę do dobrego Perkunasa*.

Skaczące plemię o wielkich łapach weszło na stopnie niebiańskiego tronu. Ale dziwnym trafem tego dnia Boga nie było.

Słońce dowiedziało się o intrydze i ta ingerencja w jego spóźnione zaloty bardzo obraziła powracającego zalotnika. Schyliło się nad zwierciadłem spokojnej wody, aby spojrzeć w swoje rysy, i stwierdziwszy, że oczywiście są jeszcze bardzo ładne, wypowiedziało tonem obojętnym, ale tak, by usłyszano je w całym siedlisku żab, te pamiętne słowa:

* Litewski Jowisz [przyp. aut.].

– Nie istnieje cokolwiek na świecie, czego nie ożywiam moimi dobroczynnymi promieniami. Jeśli jednak chodzi o to niewdzięczne plemię, które chciałoby, abym zrezygnował z rozkoszy małżeńskich, zrywam z nim na zawsze.

Po tych słowach żaby poczuły, że krew w ich żyłach zamroziła się na zawsze. Pobiegły przycupnąć w najbardziej ukrytych jamach i od tego czasu, zawstydzone i pełne wyrzutów sumienia, zbierają się tylko o zmierzchu, kierując natarczywe prośby tylko do zimnych i bladych bóstw nocy.

DZIEWIĘCIU BRACI I ICH SIOSTRA

Dawno, dawno temu, w chatce w głębi lasu żyło dziewięciu braci i ich siostra. Siostra znalazła męża i wyruszyła daleko. Ale męczyło ją wspomnienie o chatce i braciach i postanowiła odwiedzić miejsce swojego dzieciństwa.

Wkłada do pieca dziewięć ciastek, po jednym dla każdego brata. Następnie bierze wrzeciono i garść lnu i tka koszulę dla każdego z nich. Z ciężarem na ramieniu wyrusza w drogę. W głębi ciemnego lasu pokazuje się jej Zły, Diabeł o dziewięciu głowach.

– Siostrzyczko dziewięciu braci, siostrzyczko dziewięciu braci! Ha, zjem cię – woła Diabeł.

Przerażona biedaczka rzuca mu najpierw ciastka. Mizerny posiłek dla naszego Diabła i dziewięć głów połyka jednym kęsem dziewięć ciastek. Zły zaczyna krzyczeć:

– Siostrzyczko dziewięciu braci, siostrzyczko dziewięciu braci! Pożrę cię!

Biedaczka rzuca mu wrzeciono i len, dziewięć głów Złego połyka je w pośpiechu, a Diabeł wrzeszczy:

– Chodź, teraz połknę ciebie!

Ale zaczyna od konia i wygląda na to, że ma zamiar zabrać się do wózka. Siostra wdrapuje się na dąb. Po pożarciu wózka Zły wbija zęby w drzewo. Rozpaczliwa sytuacja! Siostra dostrzega kukułkę i prosi ją, żeby pofrunęła do braci i opowiedziała im o nieszczęściu, które ją spotkało. Kukułka leci do najstarszego i mówi mu:

Dziewięciu braci, kuku,
Czy wiecie, kuku,
Co się ze mną dzieje, kuku?
Siedzę, kuku,
Na dębie, kuku,
Dziewięć głów, kuku,
Umieszczonych na jednej szyi,
Zjedzą mnie, kuku.

Najstarszy słyszy ją i krzyczy:

– Wypędźcie tego małego bandytę! Zawraca mi głowę swoim złośliwym krzykiem.

Kukułka leci do młodszego brata, stuka do okna i powtarza piosenkę. Młodszy brat również rozkazuje, by ją wypędzono. Następnie odwiedza trzeciego, czwartego, kończąc na dziewiątym bracie nieszczęśliwej siostrzyczki. Wszędzie spotyka ją takie samo niegrzeczne przyjęcie. Kukułka wraca do lasu, odnajduje siostrę i mówi jej o niepowodzeniu. Siostra zdejmuje z palca pierścionek, daje kukułce i mówi jej, by go oddała najmłodszemu z braci. Ptak stuka znowu do jego okna i właśnie wtedy, gdy ten mrucząc powtarza rozkaz, by odeszła, słychać: dzyń!, dźwięk pierścienia stukającego o szybę. Brat ogląda klejnot, poznaje go i pyta ptaka. Ten odpowiada:

Dziewięciu braci, kuku,
Czy wiecie, kuku,
Co dzieje się, kuku,
Z dziesiątą, i gdzie?

Na dębie, kuku.
Dziewięć głów (to dużo)
Gryzie drzewo, kuku,
Pożera je, kuku,
Wy wszyscy, wstańcie, wstańcie!
Z psami gończymi
I waszymi mieczami, kuku,
Wszyscy naprzód, kuku!

Najmłodszy z braci alarmuje innych i już dziewięciu braci ostrzy miecze, karmi psy, siodła konie. W drogę!

Tymczasem Diabeł o dziewięciu głowach kończy przegryzać drzewo. Słyszy tętent koni. Pyta siostrę:

– To z pewnością dziewięciu braci z psami gończymi, nieprawdaż? Ale kukułka kuka:

Kuku, to nie bracia, kuku!
Kuku, to las, co szumi, kuku!
Kuku, to silny wiatr, kuku!

Dziewięciogłowy powraca do pracy, gryzie, nieubłaganie gryzie dąb... Drzewo chwieje się, pochyla ku ziemi. Bardziej martwa, niż żywa, siostra dziewięciu braci chwyta się jego wierzchołka. Co to za hałas? Zadyszani bracia z psami wyskakują z gęstwiny, atakują Diabła, w mgnieniu oka ścinają mu dziewięć strasznych głów... Siostrzyczka powraca z braćmi do chaty, a następnie wszyscy dziesięcioro wracają do zwyczajnego życia, szczęśliwie spędzając dni.

NIEBO SPADA NAM NA GŁOWĘ

Pewnego dnia Kot wybrał się na polowanie do ogrodu warzywnego. Kiedy skakał wśród kapusty, uderzył go w ogon wielki liść, który spadł z jednego z tych sympatycznych warzyw.

– Gwałtu, rety! Niebo spada mi na głowę! – wrzasnął Kot.

Kot bierze nogi za pas. W straszliwym biegu spotyka Zająca.

– Zającu, Zającu, nie ma chwili do stracenia. Niebo się wali!

– Kto ci to powiedział?

– Nikt, sam zostałem uderzony jego dużym kawałkiem w ogon.

Przerażony Zając zaczyna pędzić jak Kot. Pojawia się Lis. Zając krzyczy:

– Panie, naprzód, naprzód, czy nie widzisz, że Niebo wali się nam na głowę?

– Kto ci to powiedział? – pyta Lis.

– Kot – odpowiada Zając. Teraz trzej biegną jak szaleni. Nagle spotykają Wielmożnego Pana Wilka. Lis piszczy:

– Wilku, Wilkołaku, biegnij, leć, Niebo spada.

– Skąd o tym wiesz? – pyta Wilk.

– Zając mi powiedział.

– A ty, Zającu, skąd się o tym dowiedziałeś? – pyta znowu Wilk

– Ależ od Kota.

– Kocie, Kotku, skąd masz tę wiadomość? – znowu pyta Wilk

– Spadła mi na koniec ogona.

Wilk jak nie skoczy! I przed nimi pojawia się Lokis, Niedźwiedź. Wilk zwraca się do niego najsłodszym głosem:

– Piękny Niedźwiedziu, mądry Lokisie, biegnij, niech cię nic nie zatrzymuje, Niebo spada ci na głowę.

– Kto ci to powiedział?

– Pan Lis.

– A ty, Panie, skąd o tym wiesz? – pyta Niedźwiedź.

– Opowiedział mi o tym Zając.

– Skąd o tym wiesz, Zającu? – pyta znowu Niedźwiedź.

– Ależ od Kota, Kocura.

– Kocie, Kocurze, skąd o tym wiesz? Powiedz mi, skąd?

– Zapytaj o to mój ogon, który został uderzony na końcu – odpowiada Kot.

– Opowiedz, jak się miały sprawy – prosi Niedźwiedź.

– Polowałem w kapuście, polowałem, kiedy kawałek Nieba, bęc, spadł mi na ogon – opowiada Kot.

– Jaki był duży?

– Jak skrzydło Koguta – odpowiada Kot.

– Aleś ty głupi, Kocurze, to był liść kapusty. Wracajcie wszyscy, jak tu stoicie, do waszych nor – mówi Niedźwiedź.

– Być może w końcu masz rację – mówi Kot.

A inni chórem:

– Tak, na honor, wracajmy do domu.

BÓB

Pewnego razu żyli sobie stara i stary. Przesiewali bób przez sito. Kiedy go zbierali, zapomnieli o jednym ziarenku. I oto kiełkuje i rośnie bób, wspina się wyżej niż łóżko.

– No, stary – mówi stara – bierz siekierę, przerąb łóżko.

Powiedziano, zrobiono. Bób rośnie aż do sufitu.

– No, staruszku, bierz znowu siekierę i rozwal sufit na dwoje.

Zrobione? Zrobione. A bób rośnie i rośnie, i na honor, wkrótce dosięga dachu.

– Przetnijmy dach – radzi stara.

Zrobione? Zrobione. I oto bób w chmurach. Wyżej, wyżej, bez żadnego wytchnienia! Bób wchodzi do Raju.

– A co? – mówi nasza stara. – Trzeba zrobić dziurę w niebie.

Nic łatwiejszego dla starego. Brat i siostra wspinają się po łodydze do dobrego Pana Boga. Dobry Pan Bóg przyjmuje ich na górze, chucha na nich, zarzuca prezentami, a następnie odsyła do domu. Wieść o przygodzie rozchodzi się; kto teraz wespnie się do nieba? Ale wkrótce bób ma tego dosyć. Trzeszczy rozgniewany, łamie się i wszyscy wspinający się spadają na ziemię. Jeden skręcił sobie nogę, drugi rękę, wszędzie widać rozbite głowy, podbite oczy i pogryzione języki... To był oczywiście piękny sen... Ale dosyć mówiliśmy o bobie!

DLACZEGO ZAJĄC MA GĘBĘ OD UCHA DO UCHA

Zając biegnie do jeziora, żeby się utopić. Spotyka Dzięcioła.

– Skąd taka ponura mina? Gdzie biegniesz? – pyta Dzięcioł.

– Jak to, czyżbym nie miał śmierci w sercu? Nikt się mnie nie boi, a spadający liść powoduje, że trzęsę się ze strachu. Biegnę się utopić. Wolałbym skończyć ze sobą – odpowiada Zając.

– Przestań robić z siebie głupca, schowaj się pod krzakiem. Kiedy przyjdą jagnięta, wyskoczysz jednym susem ze swojego schronienia. Bardzo się przestraszą, zaręczam ci to – radzi Dzięcioł.

– Może to dobra rada.

Jesteśmy w zaroślach...

Nadchodzą jagnięta... Dalej, skok... I jagnięta zaczynają uciekać, a Zając się śmieje. Śmieje się tak szczerze, że od tego dnia ma gębę od ucha do ucha.

SKROMNISIA, NARZECZONA DIABŁA
(Wspomnienia znalezione w zakamarkach zamku w Druiji)

Fragment

I

Na dzwonnicy w Labunavie zabrzmiało właśnie dwanaście uderzeń zwiastujących północ. Odsuwając zasłonę z chmur czarnych jak Ereb, Księżyc w pełni pokazał drzemiącemu strażnikowi, opartemu na halabardzie na szczycie wieży, to, co ludzie w szalonym zaślepieniu uważają za twarz. Miejsce oświetlane przez Księżyc wywołałoby westchnienie słodkiej Ewangeliny de Longfellow i drżenie Mnicha pięknego Lewisa, autora nieco zapomnianego w naszych czasach, o którym nie omieszkał jednak wspomnieć Byron podczas rozmów z kapitanem Medvinem.

Czarne myśli przebiegały po głowie Krajczego.

– O bardzo szalony Perseuszu* – szeptał korpulentny szlachcic, przypominając sobie o godnych epopei kłótniach ze swoim

* Aluzje mitologiczne i historyczne, których pełno w tym opowiadaniu, nie powinny zaskoczyć czytelnika, jeśli przypomni sobie, że dawna szlachta litewska, zanim w XVIII w. przyjęła język francuski jako prawie jedyny środek wyrażania myśli, stosowała powszechnie w czasie Renesansu i po tym okresie język Cycerona i Wergiliusza, i że odznaczała się znajomością języka Homera. „Wspomnienia", o których mówi podtytuł, zostały naprawdę znalezione pod stosem ludzkich kości na zamku w Druiji, jednej z wielu posiadłości, które były własnością rodziny tłumacza w okolicy Kaunas i w litewskich prowincjach na Białorusi [przyp. aut.].

bratem – jakże mam cię zmusić, żebyś mi oddał szeląg, który ci pożyczyłem na chrzest twego zmarłego syna? Czy polecę ci czytać Hezjoda? Ale wszelkie dzieła literackie będą ci zawsze obce. A jeśli chodzi o dnie, to czy szczodrą ręką nie przyzwyczaiłeś się poświęcać ich Hypnosowi i Bachusowi, leżąc gnuśnie u boku białej Hermenegardy na łożu małżeńskim, któremu, o zgrozo!, od ponad dziesięciu lat brakuje nogi?

Te ostatnie słowa zostały wypowiedziane blisko topoli, skąd dochodził szczególny hałas, którego Krajczy nie słyszał, po powrocie z wojen bowiem był nieco głuchy.

Nagle, gdy podnosił głowę, dostrzegł przed sobą w cieniu dwóch przykucniętych mężczyzn.

– Na Heraklesa! – zamruczał – któż to w mojej obecności ośmiela się profanować drzewo poświęcone synowi Alkmeny?

Narzucił brzeg płaszcza na twarz, opuścił obszerne brzegi kapelusza i z ręką na biodrze zbliżył się do nieznajomych, którzy wyglądali tak, jakby się pozdrawiali w różnych odstępach czasu.

– Na Księcia, cóż robicie tu, Panowie, dwie godziny po zawieszeniu broni i dziesięć kroków od miejsca przeznaczonego dla zmarłych?

Dwaj mężczyźni (nie były to bowiem duchy) zachowali milczenie lub być może odpowiedzieli, ale Krajczy nie dosłyszał ich.

Pan Labunavy rozchylił wówczas płaszcz i na jego kaftanie z czarnego aksamitu zabłysła Wielka Gwiazda Zakonu Kawalerów Mankietu.

– Widzi Pan dokładnie – odpowiedział wreszcie, lekko sepleniąc, jeden z obcych – widzi Pan dobrze, Jaśniepanie, piłujemy...

– Na koniec mego życia! – przerwał urzędnik Księcia, kierując dłoń ku rękojeści szpady.

– Niech się Pan nie złości, Wielmożny Panie. Od kiedy Książę zabrania piłować na swych ziemiach?

Pan Labunavy wyciągał już broń z pochwy, aby skarcić zuchwalców, gdy nagle, chowając ją z powrotem i uderzając się w czoło, wyszeptał:

– O urocza i zbyt rzadka niespodzianko! Zrozumiałem.

I po chwili zastanowienia, w czasie której wyglądał, jakby się zastanawiał, czy należy się śmiać, czy też nie, wypowiedział, podczas wielkiego wybuchu wesołości to przekleństwo, bardzo wówczas modne na Dworze:

– Na zakrzywienie przestrzeni!

Rozluźnił pas i poddał się nowemu wybuchowi tej hałaśliwej wesołości, której sekret, jak się wydaje, zginął na świecie od śmierci Filipa II z Hiszpanii i Ludwika XIII z Francji.

– A zatem wy... ha! ha! ha! A zatem, moi poczciwi, ha! ha! Wy... wy piłujecie. A co piłujecie, na dziecko Herkulesa!

Dwaj rzemieślnicy odkryli głowy, przeżegnali się, a starszy odpowiedział z pokłonem pełnym poszanowania:

– Deski na trumnę Wielmożnego Pana, waszego brata.

II

Podczas gdy u wejścia na cmentarz Krajczy rozmawiał z mężczyznami piłującymi drzewo, jego brat Jonas-Perseusz, zwany przez wasali rodziny Amerykaninem, gdyż w młodości udał się do Stanów Zjednoczonych*, jego brat Jonas-Perseusz zaszczycał swoją obecnością wieczorny posiłek, przygotowany przez wierną Hermenegardę. Ta lekka kolacja nie przypominała wcale obfitych wieczornych posiłków, które sprawiły, że bogatemu

* Mimo że wydarzenia te działy się bardzo dawno, są dużo późniejsze, niż odkrycie Nowego Świata przez Atlantów. Jeszcze dzisiaj więcej niż osiemset tysięcy Litwinów zamieszkuje ojczyznę Edgara Allana Poe i Forda [przyp. aut.].

Krajczemu nadano przydomek Spartanina. Składała się z talerza fasoli, wędzonego śledzia i butelki whisky, właśnie przybyłej z malowniczego portu w Memelu.

– O której odbędzie się złożenie do trumny? – westchnął Jonas-Perseusz, obejmujący wilgotnym spojrzeniem swoją blond-małżonkę.

– Grabarz nie wykonał jeszcze połowy pracy. Co do trumny, mają ją przynieść o świcie.

– Ach, chciałbym już być w grobie, o Pani.

– Będziecie w nim wkrótce. A na razie, zjedzcie spokojnie, a potem odpocznijcie w łóżku, zanim położycie się na tych strasznych deskach.

Nieszczęsna kobieta schyliła głowę i zdławiła szloch.

– A to wszystko – krzyknął zmarły w nagłym porywie złości, mocnym uderzeniem pięści wstrząsając talerzami i szklankami na stole – a to wszystko z powodu tego przeklętego szeląga! Ach, czemu nie posłuchałem tego ponurego przeczucia, które odradzało mi prosić o niego mego brata!

– Nie zapominajcie, o Panie, że był wam konieczny na chrzest waszego dziecka.

– Biedny Lancelotas!

– Dzięki temu podłemu metalowi, który sprawia nam dzisiaj tyle kłopotu, nasze dziecko jest w Niebie – dodała ze szlachetną prostotą ostatnia z antycznych matron, godna ozdoba ogniska rodzinnego Peryklesa.

Dwoje małżonków otarło łzę, która drżała na ich powiekach.

– I właśnie o ósmej rano Krajczy przyjdzie po swoje pieniądze? Ach, żeby nie znalazł mnie tutaj. Drżę z niecierpliwości, o Pani. Najmniejsze spóźnienie mogłoby spowodować naszą zgubę!

– Spokojnie, spokojnie, mój drogi Jonasu-Perseuszu. Czy nie ufacie waszej wdowie? Aż za bardzo prawdą jest, że grabarz pracuje dla nas darmo. Ale czy nie należy do naszych przyjaciół? Jeśli zaś chodzi o stolarza, będzie się starał, aby ten wspaniały podarek doszedł na czas. Czy zapominacie, że od czasu ostatniej dżumy w Londynie, tej opisanej przez Daniela Defoe, tarza się w złocie, i że niegdyś starał się o mnie?

Wesoły uśmiech, który oświetlał bladą twarz Hermenegardy, gdy wymawiała te ostatnie słowa, ustąpił miejsca przelotnemu rumieńcowi.

– Wszystko to prawda, moja droga niepocieszona. Ale powiedz mi, co zrobimy, jeżeli mój brat zapuka do drzwi, zanim wszystko będzie gotowe? W domu nie ma ani całunu, ani gromnicy! Ach, moja biedna przyjaciółko! Dojść do tego, kiedy pochodzi się od Krzyżowców.

Nieszczęsna żona, patrząc zniechęconym wzrokiem na ubogie przedmioty, znajdujące się w pokoju, zatrzymała spojrzenie na oknie, gdzie brakowało jednej szybki.

U drzwi dało się słyszeć skrobanie.

Podstawiwszy nogę mężowi, Hermenegarda przewróciła męża na małżeński trójnóg, zarzuciła mu na ramiona obrus, na którym właśnie posypała solą plamę z wina, a u wezgłowia zmarłego, który chciał pić, umieściła butelkę. Paliła się w niej ostatnia świeca, jaka była w domu.

Wszystkie te czynności wykonała błyskawicznie. Następnie, poprawiając kryzę i rzucając ostatnie spojrzenie na swoje odbicie w lustrze, pani domu poszła otworzyć gościowi.

III

Tracz poprosił Krajczego o pozwolenie nakrycia głowy. Był lekko przeziębiony.

Jeszcze oszołomiony z powodu okrutnego ciosu, który go

spotkał, apoplektyczny szlachcic uchwycił guzik w surducie ptaka przynoszącego złe wieści, aby nie upaść na plecy.

– Jak to! Na dziesięciu Avatarasów! Widziałem go nie później niż wczoraj – prawda, że był to piątek, trzynastego – kiedy połykał tyle samo białych koni.

Chociaż Pan Labunavy był biegły w najbardziej tajemnych doktrynach (co wyjaśnia ostatni wykrzyknik), nie uczynił on aluzji do żadnego z niezliczonych przedstawień wstąpienia poprzez przestrzenie duchowe. Nie wspomniał ani o jeźdźcu Apokalipsy, ani o braminicznym Kalki, ani o rumaku, którego wizjonerski opis podał przyjaciel Karola XII. Trzynaście białych koni nie było w jego myślach niczym więcej, niż tuzinem i jeszcze jedną szklanką White Horse'a, sławnej whisky z miasta Londynu.

W zmartwieniu, w jakie wprawiła go ta straszna wiadomość (dłużnika można jednocześnie uwielbiać i nienawidzić), na ekranie jego tajemnej pamięci, będącej jego prawdziwą pamięcią, zarysowała się postać Johana Cotarta, z Dawnych Moczymordów najmilsza.

– Mam pragnienie – wyszeptał, kładąc rękę na sercu gotowym pęknąć. – Wino kanonika jest niezłe, ale wódka z wiśni rabina jest – jak to powiedzieć – no, po prostu bardziej upajająca. Poczciwy Żyd spędza noce na czytaniu czarodziejskich ksiąg, nie odważę się więc mu przeszkadzać.

Dom lewity był zupełnie niepodobny do siedziby władcy ludu. Uderzeniu głową, po którym nastąpiło przekleństwo, Krajczy uderzył w drzwi potykając się na chwiejnych schodach, odpowiedziało od wewnątrz uderzenie rogiem i waleczne beczenie kozy rabina. Sam starzec otworzył swemu Panu.

– Mój drogi Neftali, jeżeli ośmielam się pukać do twoich drzwi o tak niestosownej porze, to robię to dlatego że dowiedziałem się właśnie o śmierci mego brata.

– Materia jest chorobą ducha – odpowiedział rabin potrząsając swoją czcigodną głową. – Pewnego dnia – może jutro – my także będziemy wyzwoleni od czynienia fałszywych kroków w przestrzeni i od ukłuć szpilki czasu.

– Oto, Mistrzu, prawdziwe słowa pocieszenia.

– Nihumim. Ale przede wszystkim, Panie zbyt indywidualistyczny, nie obrażaj mnie, przyznając duchowi, który we mnie znalazł siedzibę, ludzkie pochodzenie.

Te ostatnie słowa doszły do uszu Krajczego z ciemnego kąta, do którego patriarcha udał się po butelkę i po szklanki.

– Nasza rasa – ciągnął dalej kabalista nalewając drogi likier – jest słusznie dumna z tego powodu, że nigdy nie miała sposobności wynalezienia czegokolwiek. Nienawidzi się nas za naszą dumę. Ale nie musimy być skromni, nasza wiedza nie należy do nas. Inni myśleli i wątpili, kochali i posiadali. A my, myśmy widzieli. Widzieli w abstrakcji, panie Krajczy, w samej abstrakcji. Pewnego pięknego dnia abstrakcja (abstrakcje dotrzymują zawsze obietnic), powtarzam abstrakcja, przybrała kształt. Nasze oko (starzec, jak Polifem po utracie oka, dotykał środka czoła między brwiami), nasze oko nie było dostosowane do tego, by rozpoznać ten kształt, ani nasze serce, by go pokochać. Od tego dnia nie widzimy już nic ani na ziemi, ani w niebie. Płaczcie, córy Jerozolimy.

Krajczy stłumił na ogromnym wąsie płacz.

– Na ducha, ojca Uranosa, panie rabinie, brakuje wam tylko tonsury, bylibyście znakomitym księdzem. Mówicie jak bramin.

– Człowiek, który dosięgnął istoty Rzeczy, jest wygnańcem. Wygnaniec – jak powiedział Lamennais – jest wszędzie sam.

– A zatem, mój brat jest w drodze do Hadesu. Biedny szelma był mi winien pieniądze, jeden szeląg, jeśli sobie przypominam. Ci, którzy liczą się jak Żydzi, szczerze płaczą po śmierci. Zastanawiam się, czy wypada żądać tej sumy od wdowy, pięknej Hermenegardy.

– W wielkich i małych sprawach tego świata mądrość służy małą pomocą. Pozwólcie mi raczej, że opowiem wam starą ludową historyjkę z naszego kraju.

Krajczy zakaszlał, jakby opowiadanie to miało wydobyć się z jego własnego gardła.

– Pewnego razu na gościńcu spotkali się chłop litewski i Żyd. Wieśniak prowadził na targ koślawego i łysego konia, a Żyd wspaniałego rumaka. Dwaj przyjaciele, zaskoczeni przez mrok, zapalają ognisko i gotują na nim kolację. Następnie, po zmówieniu modlitw i przygotowaniu się do spoczynku, zastanawiają się, kto będzie pilnował koni. Chłop mówi:

– Nie potrzebuję czuwać w nocy, bo moja stara szkapa jest biała jak śnieg; kiedy tylko obudzi mnie hałas, zobaczę ją od razu w największych ciemnościach. Ty więc będziesz pilnował twego pięknego czarnego ogiera.

Żyd, który czuł się źle i prawie zasypiał, zamienił swego Bucefała na Rosynanta wieśniaka. Ten zaś wybuchnął śmiechem:

– Teraz już w ogóle nie muszę czuwać. Jeśli pojawi się złodziej, na pewno zabierze białego, ponieważ z pewnością nie dostrzeże drugiego, czarnego. Mogę więc spać jak kamień.

Żyd dostał zatem złego konia i przez całą noc nie zmrużył oka.

Następnego dnia dwaj przyjaciele zatrzymują się o zmroku w nędznej oberży, gdzie znajdują do zjedzenia tylko jednego, dosyć chudego kurczaka. Uznawszy, że absolutnie nie wystarczy on dla nich dwóch, decydują, iż zje go jeden z nich. Ale kto? Żyd sugeruje, aby zostawić go temu, komu przyśni się najpiękniejszy sen. Idą spać i znużony syn Abrahama ulatuje w krainę marzeń. Godzinę później budzi się, pociąga swego towarzysza za rękaw i opowiada mu o tym, co widział.

– Ach, przyjacielu, Bóg żyje dla mnie! Nigdy komukolwiek nie przyśniło się coś podobnego. Słońce wschodziło nad Hebronem i szalony tłum oklaskiwał króla Dawida, Pomazaniec Jehowy tańczył przed Arką. Betsabee skrapiała jego włosy wonnymi olejkami. Ach, jaką wspaniałą kobietą jest ta Betsabee. Moja Sara, którą przecież około czterdziestu lat temu uważałem za bardzo ładną, nie jest godna wiązać jej butów. Byli tam również Arcykapłan oraz Araonici i Lewici! Ale niestety, zatrąbiła srebrna trąbka i obudziłem się.

– A ja – odpowiedział Litwin – widziałem w moim śnie, jak ulatujesz do nieba. ,,Nigdy stamtąd nie powróci, powiedziałem do siebie, tam jest pięknie!" – I zjadłem kurczaka.

IV

Hermenegarda otworzyła bojaźliwie drzwi.

– *How do you do, Madam!* – Był to grabarz, który właśnie ukończył pracę.

Dzielny chłopak był emigrantem, który powrócił z Ameryki. Jak wielu Litwinów za morzem prowadził restaurację w Chicago. Jego mały majątek, owoc oszczędzania, stopniał w ostatnim krachu, oczywiście w krachu Johna Lawa. Ale pod pyłem, pokrywającm jego kaftan z niebieskiej flaneli i spodnie w stylu Karola II angielskiego, łatwo było rozpoznać dżentelmena.

Usiadł u wezgłowia zmarłego i trzymając go za ramiona potrząsnął nim z kordialnym: *hallo, old chap!*

Hermenegarda napełniła trzy szklanki szkocką whisky. Trącono się szklankami.

– Wczoraj wieczorem hiszpańskie weksle Towarzystwa Zjednoczonych Kupców spadły jeszcze o osiem punktów. Widzicie, że dla narodu rolników, jakim jesteśmy, ziemia nie ma wartości – odezwała się Hermenegarda.

– Właśnie dlatego schodzę w nią – odpowiedział zmarły.

– Również dlatego obrałem karierę grabarza – odpowiedział emigrant.

Nowe stukanie odezwało się u drzwi.

– Tym razem to na pewno Krajczy – wykrztusiła przez zęby Hermenegarda.

Trup opadł na poduszki i udał zmarłego.

– Moje uszanowanie Pani – powiedział nowo przybyły, młody doktor Sorbony i tracz... To ostatnie określenie mówi dużo o zrozumieniu wydawców. – Szef jest zachwycony. Nie ma przeciągów, oświetlenie zimnym światłem działa wspaniale. Przygoda Pana Markiza de Champaubert jednakże przydała się na coś.

– Może byłoby dobrze, gdybyście wzięli jakąś książkę? Mimo wszystko wolałabym, żebyście nie usnęli. Proszę, oto książka, z którą spędzicie bezsenną noc. – I do kieszeni swego męża wsunęła ,,Sennik''.

Po przybyciu na cmentarz zmarły wskoczył natychmiast do grobu. Na pokrywających go deskach ułożono ,,artystycznie'' parę bukietów kwiatów, po czym każdy wesoło wrócił do domu.

Przed drzwiami domu blada Hermenegarda spotkała Krajczego. Z ogromnym trudem udało mu się wyrwać z oczarowania, jakie wywarło na nim spotkanie z Rabinem. Głęboko wzburzony tymi wypadkami, urzędnik Księcia, którego bratowa w kilku słowach zaznajomiła z sytuacją, podskoczył jak spięty ostrogami i pobiegł galopem w kierunku cmentarza.

W chwili gdy uginał kolana, by zmówić Ojcze Nasz, pośliznął się na trawie wilgotnej od rosy i z hukiem upadł na pokrywę z desek oraz trawę, pokrywającą wykop.

Zmarły, który czytając ,,Sennik'' nie spał – i nic w tym dziwnego! – podskoczył w swojej trumnie dla miliardera. ,,To krowa – pomyślał – może nawet byk... Jestem w pięknym całunie. Pokrywa ustąpi i zamienię się w pokarm dla robaków.

Krzycząc ze wszystkich sił, by odstraszyć zwierzę, nieszczęsny kopnął w chwiejny sufit z siłą zdolną do podniesienia Uranosa.

– Bach! – krzyknął jednocześnie, aby dodać sobie odwagi.

Klnąc na święte imię syna Hermesa i Driopy, Krajczy wziął nogi za pas.

Ale wkrótce powrócił na drogę prowadzącą do grobu. Poza czasem, w boskiej natychmiastowości, jego tajemna pamięć nakreśliła mu okropności z „Przedwczesnego pogrzebu" Edgara Poe.

Podniósł pokrywę i ogarnął go podziw na widok berlińskiego komfortu naukowego pseudogrobu, wykonanego według ostatniego krzyku mody.

– Do... – wymamrotał ordynarnie – co tu się dzieje? Znowu zrozumiałem.

V

A potem była wojna siedmioletnia, po której wkrótce nastąpiła wojna trojańska, nieskończony ciąg intryg, bezwstydnych szantaży oraz publicznych klęsk, tego wszystkiego, czego wcale nie rozumiały ani narody, ani ich przywódcy.

Upadały cesarstwa, odradzały się królestwa, z fal wyłaniały się republiki. Pewien wielki poeta litewsko-francuski został oskarżony o to, że wymyślił ojczyznę swoich przodków!

W tym zamieszaniu narodziły się dwa bliźniaki, będące nieprzyjaciółmi: drapieżny nacjonalizm, upojony spekulacją i luksusem, oraz prehistoryczny komunizm, nawiedzany przez głodowe halucynacje! Ale w głębi duszy ludzkiej nic się nie zmieniło. Krajczy żądał zawsze zwrotu szeląga od swego brata, który nie chciał go oddać.

– To wszystko, widzicie – niezmordowanie powtarzała mądra Hermenegarda – to wszystko spowodowali Żydzi. Rabin Neftali i jego opowiadanie o kurczaku Dawida posiały szaleństwo w ludziach i sprawiły, że serce Naszego Pana Brata stało się twarde.

Jonas-Perseusz podzielał jej opinię. Ale długi pobyt w Stanach Zjednoczonych, kraju wolności, zwłaszcza zaś myśli, uczynił z niego wolnomyśliciela, i część swej urazy zachował dla Ignacego Loyoli.

Nieszczęśni nie rozumieli, że prawdziwymi winowajcami byli Hyperborejczycy sprzed exodusu do Indii i ich przeklęci Kszatryjowie zbuntowani przeciw duchowej władzy Braminów!

Pewnego ranka Krajczy oznajmił swojemu bratu na ostemplowanym dokumencie, że musi on oddać dług w ciągu dwudziestu czterech godzin.

– Nie możecie tam powrócić. Jak nazywa się ta kraina?... Hades, jak sądzę. Pomysł jest zużyty. Musimy wymyśleć coś innego – westchnęła Hermenegarda.

– *Eureka! In vino veritas!* – krzyknął nagle, ze swoją wieczną szklanką „szkockiego wina" w ręku, dłużnik-pijak, który, by móc rywalizować w dziedzinie wiedzy ze swoim bratem, spędził siedemnaście lat wojny ucząc się na pamięć różowej części Małego Larousse'a ilustrowanego.

– *Quibus auxillis?* – zapytała jego wierna wspólniczka.

– Za pomocą wściekłego szaleństwa, moja droga! – I, chwyciwszy siekierę, która służyła małżeństwu do rąbania drewna do pieca kuchennego, pobiegł jak strzała ukryć się w głębi jesiennego lasu.

Po półgodzinie do drzwi zadzwonił Krajczy.

– Już go tu nie ma. Pod wpływem nagłego szaleństwa,

wywijając toporem wojennym, pobiegł ukryć się w najgęstszym lesie.

– Spotka tam Egerię! – wrzasnął Krajczy. I wyrzucił aż pod niebo przerażającą pałkę, zakończoną rogiem żubra z Białowieży.

Po dwudziestu minutach szalonego biegu przez las Pan Labunavy zauważył, że zgubił drogę.

Godzinę wcześniej ta sama przykra przygoda spotkała jego brata. Co robić w dziewiczym lesie, aby w nim nie zabłądzić?

– Na Zeusa – krzyknął Krajczy.

– Na Jupitera! – odpowiedziało echo.

– No, to ciekawe – powiedział do siebie urzędnik Księcia. I lekko zadrżały mu kolana.

Aby upewnić się, a może i dlatego, aby dzielnie się trzymać wobec samego siebie, szlachcic krzyknął ze wszystkich sił:

– To wstrętne!

Nimfa odpowiedziała mu grzecznie:

– To idiotyczne!

I jednocześnie coś poruszyło się w zaroślach. Wysunęła się z nich ręka uzbrojona w siekierę.

– Zrozumiałem – ziewając wyszeptał Krajczy, od dawna już oswojony ze zjawiskami nadprzyrodzonymi.

– O interesach porozmawiamy później, kiedy nie będzie nam groziło niebezpieczeństwo – odezwał się do swego brata.

Wierzyciel i dłużnik ruszyli zgodnie.

Wkrótce zapadła noc, okrywając las cymeryjskimi ciemnościami, w których od czasu do czasu świeciły świetliki lub oczy wilków.

– Oświetlone okno! – krzyknął radośnie Krajczy.

– To kaplica poświęcona świętej Farze przez naszego prapradziada, rycerza Romualda-Zyndrama, zgodnie z przyrzeczeniem, które wypowiedział on po raz pierwszy w Antiochii, i które ponowił w Nicei oraz w Tarsie, ojczyźnie Pawła, a raczej Saula, gdy te dwa miasta zostały zdobyte przez Krzyżowców – odpowiedział mu lakonicznie jego brat. – *Quantum mutatus ab illo!* – westchnął urzędnik Księcia.

Istotnie, kapliczka była ruiną. Ale pobożny pustelnik palił światło przed posągiem świętej, i, mimo braku wszelkiego zamknięcia, miejsce to dawało jednak pewne schronienie przed niespodziankami ludzkimi, zwierzęcymi i atmosferycznymi.

– Wy, którzy jesteście przyzwyczajeni do leżenia w trumnach i boicie się przeciągów – rzekł Pan Labunavy – powinniście położyć się w grobie obok naszego przodka. Ja zaś spędzę noc na czuwaniu w tej niszy. Jeśli złodzieje odwiedzą to miejsce, to z pewnością, na Mahoma, wezmą mnie za drewniane uzupełnienie świętej z naprzeciwka!

Dłużnik położył się w trumnie. Wierzyciel wyciągnął z kieszeni gałązkę róży i, podobnie jak żona Lota, zamienił się w posąg.

Nie minęło dziesięć minut, kiedy do kapliczki weszła banda rozbójników.

– Powiedz więc, Banotasie... – odezwał się jeden z łotrów, zwracając się do szefa, który później, po dwudziestu pięciu reinkarnacjach, miał się stać sławnym Bonnotem.

– Czego? – odpowiedział grzecznie przywódca.

– Trzeba by policzyć mamonę, a potem pójść spać. Na moim zegarku jest trzecia.

Na znak szefa jeden z rozbójników wysypał na podłogę pięćset tysięcy dukatów, które skradziono właśnie w sąsiednim zamku Robertasa Diabła, narzeczonego nieszczęsnej Skromnisi.

– Uwaga, zrobię apel – powiedział Bonatas. I wyciągając zwój pergaminu z kieszeni zaczął czytać:

– Jokimas!

– Obecny.

– Zusiukas!
– Obecny.
– Zandras!
– Obecny.
– Milas!
– Obecny.
– Swilas!
– Obecny.
– Lankas!
– Obecny.

Reszty oszczędzimy czytelnikowi. Banda składała się co najmniej z pięćdziesięciu rozbójników, wszystkich o nazwiskach kończących się na „as".

Przy końcu litanii Krajczy, który, na szczęście dla siebie, czytał „Le Cornet à Dés", doznał olśnienia.

– Tantomas! – krzyknął, jak najgłośniej mógł.

Z nie mniej godną podziwu przytomnością umysłu z grobu wyłonił się jego brat:

– Obecny! As Asów!

Rozbójnicy, przejęci panicznym strachem, rzucili się do ucieczki, pozostawiając skarb Diabła.

Panowie Labunavy podzielili go na dwie równe części, z dokładnością do jednego szeląga.

SŁONECZNIK

Pewnego razu był sobie chory i biedny starzec. Pochował krewnych i przyjaciół i zupełnie sam pozostał na szerokim świecie.

Jednego ranka do jego drzwi zapukała mała dziewczynka, sierotka. Wprowadził ją do domu, uściskał, dał ubranie i kawałek chleba. Podziękowała mu, pobiegła po miotłę i ścierkę, zakasała rękawy i wzięła się do pracy. Jeszcze nie nastało południe, a cały domek był czysty jak nowy szeląg.

Dziecko chciało iść dalej swoją drogą, ale starzec, oczarowany jej zręcznością i słodyczą, poprosił, by pozostała u niego i dzieliła z nim skromną strawę. Dziewczynka zgodziła się chętnie i wkrótce pokochał ją jak własną córkę.

Nie zastanawiano się nigdy, czy była ładna, czy brzydka. W jej obecności myślano o czymś zupełnie innym. Mimo to nazwano ją Słonecznikiem; niewątpliwie z powodu włosów w kolorze gwiazdy dnia, wielkich oczu pełnych blasku i aureoli wesołości oraz zaufania, która otaczała jej całą małą osobę.

Nadzieja, zdrowie i skromny dobrobyt weszły wraz z nią do domu dobrego staruszka. Ale dziewczynka nie zadowalała się czuwaniem nad dobrobytem swojego przyjaciela i utrzymywaniem porządku w domu. Była wszędzie tam, gdzie wzywały ją cierpienie i bieda. Na dziesięć mil dokoła mówiono tylko o jej uczynności i miłosierdziu.

Słonecznik była już dużą dziewczynką i wydawało się, że jak jej bracia z ogrodów, pragnęła znać jedynie uśmiech słońca, kiedy na okolicę spadło nieszczęście. Choroba i głód zastukały do wszystkich drzwi z wyjątkiem chatki starca. Dziecko podzieliło między biedniejszych wszystkie zapasy żywności i ubrania, które zostały w domu. Wkrótce jednak trzeba było poświęcić ostatnią krowę i oddać ostatnią koszulę.

Słonecznik siedziała u stóp swego ojca i śpiewała mu starą piosenkę, by pomóc mu zapomnieć o ich niedoli, gdy ktoś zastukał do drzwi. Otworzyła je i stanęła przed innym starcem, ale tak obdartym i osłabionym z głodu i gorączki, tak zniszczonym i bladym, że wydawało się, że przybywa z większej odległości niż pierwszy dzień świata. Słonecznik powiedziała mu płacząc:

– Nie mamy, niestety, nic do ofiarowania, dziadku!

Starzec wymamrotał:

– Zimno mi, daj mi jakikolwiek łach, bym mógł go włożyć na siebie.

Słonecznik zdjęła pelerynę i zarzuciła mu na ramiona. Ale gość mówił dalej:

– Moja koszula jest zupełnie zniszczona, nie trzyma się już na moim ciele; daj mi coś, co mogłoby ją zastąpić.

– Bóg mi świadkiem, że nie mam nic, nic, dziadku.

– Masz moja dzieweczko – odpowiedział stary – masz, moje dziecko, masz piękne złote włosy, daj mi je, a potrafię utkać sobie z nich koszulę.

Słonecznik wybuchnęła płaczem, bo bardzo lubiła swoje warkocze w kolorze słońca. Ale bez słowa obcięła je i wręczyła nieszczęsnemu.

– Weź je – powiedziała – jeżeli mogą ci się przydać.

Starzec wziął piękne warkocze i skierował się do kąta, w którym znajdował się warsztat tkacki. Tam, pod okiem Słonecznika, pracował długo, długo. Krzyżował i ponownie krzyżował pasma, dzielił je i rozdzielał, aż tkanina była gotowa – wspaniała tkanina, od której oglądania nie można się było powstrzymać, należało jednak ręką zasłonić oczy, gdyż błyszczała ona olśniewająco. Starzec zarzucił ją wówczas na ramiona, podziękował dziewczęciu i wyszedł.

Stojąc na progu chatki Słonecznik z ojcem patrzyli, jak oddala się niezwykły żebrak. Wyprostował się pod pięknym słonecznym okryciem i szedł teraz pewnie i majestatycznie. A wokół jego całego ciała, od stóp do głowy, świecące okrycie powiększało się i nadymało bez przerwy, aż stało się wspaniałą złotą chmurą. W tym momencie opuściło ono ziemię, zaczęło się wolno, wolno unosić, a gdy osiągnęło niebo, przybrało postać gwiazdy, której nie da się opisać słowami w żadnym języku.

Starzec i dziewczyna dotknęli czołami skąpej i zimnej ziemi, ponieważ ktoś ich błogosławił z głębi tego Słońca Aniołów.

O TYM, JAK PEWNA MŁÓDKA POZBAWIŁA ŻYCIA WIELU KOCHANKÓW, I O TYM, JAKIM SPOSOBEM KRES TEMU NIEBEZPIECZEŃSTWU POŁOŻYŁ JOKIMAS

Mam opowiedzieć o tym, co zaszło w kraju litewskim, w Łabunava-Serbinaj, na ziemiach, które w czasach, kiedy Król Ludwik, dziewiąty tego imienia, panował we Francji, były posiadłością lenną moich przodków Miłoszów, którzy – Bogu polecam ich duszę! – byli niegdyś, jak wieść niesie, panami Luisaice.

W jednym mieście żył wtedy niegodziwiec, który czarodziejskimi sposobami zyskał przywileje i wielki dobytek. Ten dawny łucznik, wyuczony czarów przez astrologów, miał córkę, która od najmłodszych swych lat poznała była, poprzez przeklęte wybryki ojcowskie Mofeza, władcę diabłów i inne brudne i nieczyste duchy. Tego niebezpieczeństwa nie zaznała biedaczka, ale z pewnością znał je jej niegodziwy ojciec. Młódka ta była tak gładka, że czcigodny mąż o nie znanym mi imieniu, który był malarzem u naszego dobrego Księcia, chciał wykonać jej portret. Zaniechał tego jednak z bojaźni przed bezwstydną swawolnicą, która mu oświadczyła, że jest gotowa zabawić się z nim. Pokazała mu, co ma pod suknią, czyli najładniejsze części swego ciała – piersi, biodra i uda – i rozzłościła się, gdy ten miał zamiar Bogu się polecić. Ojciec młodej dzieweczki, aby odpędzić nudę, znajdował przyjemność w przyciąganiu galantów do jej łoża i był dla nich wielce hojny; nie dawał im wcale nędznych groszy, ale zacne złote dukaty. Prawdę mówiąc, niebezpieczeństwo onych było większe niż korzyść. O świcie ojciec bezwstydnicy znajdował ich martwych i sztywnych z tej racji, iż zbyt mocno całowali i pieścili bez ustanku jego córkę, po uczcie składającej się z kur, ciast, serów i innych smakołyków, obficie podlanych winem. Nie było to z ich strony bardzo mądre.

Zdarzyło się wtedy, iż pewien młodzieniaszek, oddającej się wybrykom bezecnicy, którą za uczciwą uważał, się powierzył, miłując ją słodką miłością, jeść i pić zapomniał, do jej drzwi się udał i zrobił to, co zwykle w swej próżnej imaginacji szaleni kochankowie czynią, będąc przygnębieni.

– Służyć ci chcę lojalnie, moja panno, dopóki śmierć mnie nie porwie i wcale nie kłamię. Zrezygnuj z twoich wybryków i miłosnych zabaw, towarzyszom ich powiedz do widzenia, do ciebie jednej odtąd należę, nie każ umierać mojemu biednemu sercu.

– Ha? Do licha, na mą duszę! To wielki szaleniec! Mówienie o śmierci, mój ty zarozumialcze, to szaleństwo. Żyć i bawić się pragnę, i to z tobą, młody chłopcze. Ale wiedz, że nie troszczę się o żadne uczucia i chcę, żebyś mnie miłował mocno jak zwierzę w rui, całował mnie tak mocno jak Diabeł swoją matkę, obłapiając ją z każdej strony, i pieścił me całe ciało, jak czynią to psy sukom, pieniąc się z uciechy, bo złym nasieniem jestem i w brudzie pragnę żyć i umrzeć! Nie bój się, młodzieniaszku, zbliżyć do mnie. Mam białą skórę, gładka jestem i zgrabna. Usiądź przy moim łóżku, moje ciało jest wielce zgrabne i miłe, a mój język słodki jak słodkie wino. Atoli, na Bafometa!, klaczą nie jestem i nie będę. Niech Satanas, mój krewny, przemieni cię, piękny młodzieńcze, w konia, żebym cię ujeżdżała od wieczora do rana. Hejże, ha, wio!

I w konia został nagle zamieniony młodzieniec i uleciał jak strzała przez okno z bezwstydną i rozradowaną diablicą na sobie. Jedno i drugie śmiało się i krzyczało z radości i rozkoszy, lecąc przez łąki i góry, rzeki i jeziora, miasta i miasteczka, wioski i klasztory, po całym niebie wśród chmur i gwiazd. Tak lecąc jak promienie, spoczynek dla swoich ciał znaleźli jedynie w krainie żalu i głębokiej boleści, wysuszonej i zgniłej, gdzie do pożywienia ma się jedynie swoje twarde serce, i gdzie, aby zaspokoić pragnienie, pije się swoje dawne łzy. Życie w niej jest straszliwą nocą dla duszy i wieczną zimą dla ducha, cmentarzyskiem wszelkiego miłosnego uczucia, królestwem zniechęcenia i zmęczenia, gdzie wszelka wiara jest pogwałcona i gdzie nigdy nie słyszano słodkiego słowa Miłość.

O świcie, widząc Mistrza Jokimasa użalającego się wielce nad tym, iż go tak złamały wyczyny tej szalonej nocy jakoby uderzenia wielkich młotów i ciężarów, ślicznotka, usiadłszy z podkurczonymi nogami na łóżku, tak się doń odezwała:

– No i co, piękny młodzieńcze! Widząc cię żywym jestem zadziwiona. Do licha, wszyscy, co o moją miłość żebrali, poszli do Diabła, a ty, co tej nocy wypluwałeś z siebie, ile tylko mogłeś śliny na mnie całą, na mym posłaniu mamroczesz, Asmodeusz mi świadkiem, świeży i ładny jak dziecko prosto z powijaków. I wcale nie dziękujesz mi za to, co ci dałam, ale użalasz się jak głupiec. I powiedz mi, czemu? Bo cię za mocno miłowałam? Powiedz szczerze. Czy cię uwięziłam? Czy trzeba, bym błagała na kolanach, żebyś wrócił tu tego wieczoru? I na to nawet przystanę. Zgoda. Z wielką chęcią od razu pojadę na tobie, bo masz skórę bardzo przyjemną do pieszczenia.

Bardzo śpiący, pijany, smutny, z bladą twarzą, śmiertelnie zmęczony i zgaszony, biedny Jokimas oddalił się od swej zabójczej kochanki, położył się i zasnął jak kłoda. We śnie wydało mu się, iż słyszy głos, który wyrzuca mu łagodnie jego grzech:

– Hola, mój chłopcze, czyż dla tak zacnego chrześcijanina jak ty poszukiwanie towarzystwa kobiet nieuczciwych, na dodatek pozbawionych cnoty przez Diabła, nie zasługuje na okrutną karę? Ale wiem, żeś dobrym człowiekiem, chociaż trochę głupim, i żeś miłował grzesznicę uczciwą miłością, a teraz jesteś przytłoczony żalem i zazdrością, bo smutek ściska twe serce. Słuchaj mnie uważnie. Chcę, byś dzięki mym radom od tej zguby się oddalił i nad tą ohydą zapanował. Choć mi z tej racji przykro, wrócisz wieczorem i zapukasz do przeklętych drzwi. Ale kiedy zobaczysz, że młódka się zbliża, chwyć mocno silny postronek, który po przebudzeniu znajdziesz pod posłaniem, i zarzuć go na jej ramiona. A potem powiesz jeszcze: „Porzuć na zawsze te fałszywe miłości, co miłością nie są, ale miłostkami, i poleć swoją duszę najgodniejszej ze wszystkich, Naszej Pani, świętej i pięknej Maryi!"

Mistrz Jokimas uczynił to, czego dowiedział się z mądrej i niebiańskiej lekcji. Gdy powrócił do diablicy nagiej pod okryciem, ukłuła go strzała Amora, bo młodym był. Ale nie zważając na to, zarzucił jej postronek na szyję i, na Boga!, w klacz przemieniła się bezwstydnica. Niechaj każdy mnie słucha: dosiadł jej młodzieniec wywijając gałęzią a potem mieczem w pochwie, i od razu uleciał przez okno strychu, na niej jednakże, a nie pod nią. Księżyc był w pełni, dwoje kochanków w piekielnym hałasie wpadło na pomieszany tłum, z trzystu tysięcy Diabłów się składający, z których jedne wyglądały jak wilki, lisy, wiewiórki, kurki wodne, drugie jak żaby, ropuchy, węże, jaszczurki, a jeszcze inne jak szczury, barany o czterech głowach i chude oraz wściekłe wielkie psy. A Mistrz Jokimas, chociaż nie lubił hałasu i wrzasku, krzyczał do ciemnych przebierańców co sił w płucach:

– Hejże! Królu Satanasie, lecimy za tobą, goniąc cię! Pofechtujemy się! Ha, niegodziwcze! Dalej, o święty Dionizy! Ha, zdradziecki krzywoprzysiężco! Wkrótce moje psy zanurzą chciwie swe pyski w krwi z twego strasznego serca! Zbyt krótką uciechą jest uderzenie cię tym oto mieczem! A ty, dziewko, przeklęta dziewko! A ty, dziewko, dziewko opuszczona przez Boga, co nie znasz i nie chcesz znać słodyczy wyznań ani uczuć, wiedz, iż twa zła miłość nie trzyma mnie w swej mocy. Na Boga! Śmiertelnie nienawidzę twojej miłości, bo zbyt wielu ludzi obdzielałaś łaskami. Niech Bóg mnie wspiera! Ha, fałszywa piękności, urocza zdrajczyni, serce bez litości! Tej nocy będziesz miała swego prawdziwego kochanka, węża, władcę Diabłów, zmiażdżonego przez białogłowę, Maryję, moją świętą Panią. Ha, dziewko, dziewko, którą miłowałem, odtąd martwa zabawiać się będziesz z martwymi.

Po przebudzeniu Jokimas, którego serce ledwie trzymało się na małej nitce, pomyślał, czy przypadkiem nie położył się w gnieździe wężów, albowiem tak mu było zimno. Otworzył oczy, dotknął ręką piersi kochanki. Leżała martwa.

POSŁOWIE

Prezentowana książka należy do ubocznego nurtu twórczości wielkiego poety francuskiego Oskara Miłosza, nurtu, który obok tekstów historycznych i politycznych, takich jak „Les origines ibériques du peuple juif", „Les origines de la nation lithuanienne", obejmuje adaptacje folkloru litewskiego – „Contes et Fabliaux de la Vieille Lithuanie", „Contes lithuaniens de ma mère l'Oye", „Daïnos". W tych ostatnich poeta dokonuje transpozycji, adaptacji i tłumaczenia starych bajek, podań i ludowych pieśni litewskich, zebranych przez niego w latach 1902–1906, kiedy przebywał na Litwie w majątku swego ojca.

W bajkach i podaniach litewskich Oskara Miłosza odnajdujemy niektóre tematy spotykane w europejskiej literaturze tego gatunku, przedstawione w nieco inny sposób. Ale bajki i podania litewskie mają specjalny koloryt, szczególną atmosferę, niekiedy zaś dużą dozę okrucieństwa, a rysowany przez nie świat nie jest światem szczęśliwym. Nie są to zatem bajki dla dzieci, ale raczej dla dorosłych, to po prostu dobra literatura. Ich autor, Oscar Venceslas de Lubicz-Milosz (Oskar Miłosz), wielki poeta francuski, urodził się 28 maja 1877 roku w Czerei na Litwie, w starej rodzinie arystokratycznej, której drzewo genealogiczne sięgało pięciu wieków. Majątek Miłoszów był ogromny, zajmował obszar około 30 000 hektarów i uległ parcelacji i konfiskacie po rewolucji 1917 roku.

Jako dziecko przyszły poeta przybywa z rodzicami do Paryża, gdzie uczy się początkowo w liceum Janson de Sailly. Ma wielkie zdolności językowe i już w młodości zdradza zainteresowanie wielką literaturą, czyta ,,Don Kichota'', ,,Iliadę'', tłumaczy literaturę rosyjską, wiersze Mickiewicza i Hölderlina, poznaje w oryginale twórczość Goethego i Szekspira. Już wówczas interesuje go przeszłość. Dlatego też w 1896 roku zapisuje się do Ecole du Louvre i do Ecole des Langues Orientales, gdzie uczy się języka hebrajskiego i słucha wykładów z asyriologii.

W latach 1896–1916 wiele podróżuje ze swoim ojcem; udaje się do Rosji, Polski, Niemiec, Anglii, Włoch, Hiszpanii, a nawet do Afryki francuskiej. Lata 1902–1906 spędza w rodzinnym majątku na Litwie. Od 1916 do 1919 roku Miłosz kieruje biurem studiów dyplomatycznych wydawnictw prasowych, następnie opracowuje teksty dyplomatyczne na Konferencji Pokojowej. W 1919 roku zostaje mianowany ambasadorem Litwy we Francji i funkcję tę sprawuje do 1928 roku. W 1930 roku składa prośbę o przyznanie mu obywatelstwa francuskiego i uzyskuje je. Umiera na serce 2 marca 1939 roku.

Oskar Miłosz tworzył w ciągu ponad dwudziestu lat. W 1899 roku ukazał się jego pierwszy zbiór wierszy ,,Le poème des décadences''. Natomiast ostatnie utwory poetyckie ,,Ars Magna'' i ,,Le poème des arcanes'' zostały opublikowane w latach 1924 i 1926. Najwcześniejsze utwory Miłosza, zbiór wierszy ,,Le poème des décadences'', to utwory nostalgiczne, opiewające przeszłość, wyrażające smutek i nudę poety. Tematyka ta będzie u niego żywa dopóty, dopóki nie odkryje twórczej wszechmocy miłości i, powtarzając słowa Jeana Rousselota, ,,tego, co nie przychodzi do nas, ale co pochodzi od nas i jest prawdziwym życiem''. W wierszach z tego okresu widać w pewnej mierze wpływy symbolistów, w dużo większym jednak stopniu takich poetów, jak Nerval, Villiers de L'Isle-Adam, Baudelaire i Poe.

W 1906 roku ukazuje się nowy zbiór wierszy Oskara Miłosza, ,,Les sept solitudes'' (Siedem samotności), gdzie w pełni występują już cechy, które będą później charakteryzować jego poezje. Jedyną dialektyką, którą w nich stosuje, jest dialektyka uczuciowości. Powstają wtedy wiersze, jak ,,Karomama'', ,,Tous les morts sont ivres'', ,,Vieux jour''. W pierwszym z nich poeta, który nie chce żyć we współczesności, zwraca się do nieżyjącej od stuleci księżniczki egipskiej. Jest ona dla niego obrazem wiecznej kobiecości i mądrości. Wiersz następny, to kołysanka dla zmarłych z nieznanego cmentarza w Lofoten. W wierszu ,,Vieux jour'' Oskar Miłosz dokonuje po raz pierwszy próby odrzucenia wyidealizowanej kobiety, która przeszkadza w realizacji miłości do Boga.

Trzecią część zbioru ,,Les sept solitudes'' stanowią ,,Scènes de Don

Juan'' (Sceny z życia Don Juana), nowa wersja opowieści o Don Juanie, gdzie, jak pisze J. Rousselot, po raz pierwszy występuje Miłość silniejsza od śmierci. Bohater utworu, który zabił swego ojca, brata i żonę, nigdy nie odnalazł Boga; nienawidzi ludzi i pragnie ich zgubić, ale do Boga jednak zwraca się z prośbą o potęgę. Utwór ten jest przesadnie romantyczny, wyraża kompleksy poety, zwłaszcza jego stosunek do ojca, któremu nadał on cechy potwora. Komentatorzy zwracają również uwagę na występujące w tym utworze osobiste, rozbudowane bestiarium poety – szatańskie węże, małe, brudne nietoperze, ponure ropuchy – w czym wyraża się kompleks winy i wyrzutów sumienia.

Następnym utworem Miłosza jest ,,L'amoureuse initiation'' (Inicjacja miłosna), powieść, a raczej zbiór epizodów przerywanych licznymi dygresjami. I tu również występują liczne fantomy straszące poetę. Bohater powieści wychwala początkowo miłość ziemską, miłość do kobiety, ale w końcu uznaje swoją klęskę. Miłość ta nie pozwoliła mu wykroczyć poza siebie samego, wprost przeciwnie – zepchnęła go w zwierzęcość. Tymczasem wkroczyć poza siebie można tylko poprzez osiągnięcie miłości nieśmiertelnej, którą realizuje się łącząc się z Bogiem, ze świętością.

Inną wersją Don Juana jest ,,Miguel Manara''. Jest to bohater skruszony, zmęczony przyjemnościami ciała, człowiek, który pragnie odkupienia i stwierdza, że liczy się jedynie miłość do Boga.

Temat miłości występuje także w sztuce ,,Méphiboseth'' z 1913 r., wystawionej w roku 1919 w teatrze Odéon, do której Miłosz czerpie inspirację z Biblii, z historii o królu Dawidzie i o pięknej Betsabee.

Najbardziej dojrzałymi dziełami poety są utwory wydane w końcowym okresie jego twórczości, zbiory wierszy ,,La confession de Lémuel'' (Wyznanie wiary Lemuela), ,,Ars Magna'' i ,,Les arcanes'' (Tajniki). Poeta, który w początkowych utworach opiewał naturę, zwracając się stopniowo do Boga, staje się wyłącznie poetą Boga. Jego język jest jednocześnie językiem mistyki i poezji. W tych pięknych, głębokich i przemyślanych poematach, które, prawdę mówiąc, są raczej traktatami metafizycznymi, wyraża się światopogląd poety, jego głęboka wiara i stosunek do Boga, który jest dla niego Miłością. Świadczą o tym jego słowa: ,,Trzeba kochać, zanim się zrozumie, potwierdzić wcześniej, niż się uwierzy'', a drogą do tego jest modlitwa. Do takiego wniosku dochodzi po latach rozterek i niepewności, a zwracając się wyłącznie do Boga, rezygnuje z dalszej twórczości poetyckiej. W ostatnich latach życia poświęca się wspomnianym już uprzednio pracom historycznym i adaptacjom folkloru litewskiego, a od 1933 roku pracuje przede wszystkim nad interpretacjami Apokalipsy.

Dzieła Oskara Miłosza w Polsce są szerzej nie znane. Ukazały się wprawdzie tłumaczenia niektórych jego utworów (Oscar V. de L. Milosz – ,,Wybór poezji'', Wyd. Lit. 1983), ale czekamy wciąż na wydanie krytyczne całej jego twórczości, którą we Francji opublikowano w dziesięciu tomach.

Krzysztof Wakar

SPIS TREŚCI

Redaktor
Krystyna Kruczyk

Kierownik Redakcji Literatury Pięknej
Jerzy Adam Sokołowski

Redaktor techniczny
Elżbieta Skóra

Korekta
Elżbieta Cieśniarska

Wydawnictwo Pojezierze · Olsztyn 1985
Wydanie I. Nakład 59 650+350 egz.
Objętość: 8,4 ark. wyd., 17,33/12 A_1 ark. druk.
Oddano do składania w kwietniu 1984 r
Podpisano do druku w marcu 1985 r.
Druk ukończono w kwietniu 1985 r.
Papier offset. III kl, 80 g, 61×86 cm
Olsztyńskie Zakłady Graficzne im. S. Pieniężnego
10-417 Olsztyn, ul. Towarowa 2
Zam. 1838/E B-5/5
Cena zł 300,—